Holly Homer & Rachel Miller

Nie mehr langweilig

urania

Von Holly

Für Greg und meine Söhne Ryan, Reid und Rhett, die ganz sicher kein Spiel auslassen.

Von Rachel

Für meine Mutter, die mich gelehrt hat zu spielen. Und für meine Kinder Lena, Ezra, Anya, Jonah und Noah, die in unserem Haus immer für Spass sorgen.

Titel der Originalausgabe: 101 KIDS ACTIVITIES THAT ARE THE BESTEST, FUNNEST EVER!
All rights reserved. No part of this book may be reproduced or used, in any form or by any means, electronic or mechanical, without prior permission in writing from the publisher.

First published in 2014 by
Page Street Publishing Co.
27 Congress Street, Suite 103
Salem, MA 01970
www.pagestreetpublishing.com

© Verlag Herder GmbH, Freiburg im Breisgau 2016
Alle Rechte vorbehalten
www.herder.de
www.urania-verlag.de

Umschlaggestaltung: bürosüd° GmbH, München
Umschlagmotiv: © plainpicture
Satz: Carsten Klein, München

Herstellung: Graspo CZ, Zlín

ISBN 978-3-451-66065-8

Nie mehr langweilig

101 kreative Spiele, Ideen und Experimente für drinnen und draussen

Holly Homer & Rachel Miller

VON KIDSACTIVITIESBLOG.COM

AUS DEM ENGLISCHEN VON ULRIKE STRERATH-BOLZ

VORWORT

Kinder entwickeln sich. Am Anfang sind sie wissensdurstig, abenteuerlustig und wollen überall mitmachen. Sie begeistern sich für Aktivitäten, alberne Spiele und einfache Basteleien. Und dann irgendwann taucht eine Instanz auf, die ihnen sagt, Wissen sei eine ernste Sache, Abenteuer müssten sich in einem bestimmten Rahmen abspielen und zum Mitmachen brauche man jemanden, der über die Regeln bestimmt.

Warum beschränken wir das Spiel?

Warum schauen Erwachsene erst mal über die Schulter, bevor sie mitmachen?

Warum steht Spielen nicht ganz oben auf der Tagesordnung in der Familie?

Unser modernes Leben bringt schrecklich viele Dinge mit, die getan werden müssen. Auch für unsere Kinder. Und unser modernes Leben hält uns in Räumen gefangen.

Wir wollen aber spielen.

Wir sehnen uns nach Zeit, die wir gemeinsam verbringen können.

Wir wollen Spaß.

Und tatsächlich wartet das Spiel überall auf uns. Es sitzt leise kichernd am Esstisch, unter dem Bett, hinter den Gardinen, im Küchenabfall, im Kofferraum des Autos und zwischen den Sofakissen. Und es lugt durch die Gartentür.

Dem Spiel ist es egal, ob wir nur für kurze Zeit vorbeischauen. Es hat auch kein Problem mit Last-Minute-Entscheidungen. Es schiebt sich gern in die kleinen freien Momente oder schleicht sich irgendwo in unseren Tag ein.

Spielen kann aus einem ganz normalen Tag einen Lieblingstag machen. Es braucht keine Ausrüstung, kein Geld und keine Planung. Es kann einen Augenblick erfüllen oder einen ganzen Tag. Und wenn man es sorgfältig aussucht, kann es sogar ein ganzes Leben erfüllen.

Wir wünschen uns, dass Zeit wichtiger sei als Spielsachen. Wir wünschen uns, dass unsere Kinder gern spielen und das Spiel mit in ihr Leben nehmen, auch wenn sie größer werden. Wir wünschen uns, dass sie sich an die Zeiten erinnern, in denen wir zusammen gespielt haben.

Unsere schönsten Kindheitserinnerungen drehen sich ums Spielen. Unsere Kinderzimmer waren nicht angefüllt mit Spielzeug, sondern mit Möglichkeiten. Wir haben keine ausgefallenen, strukturierten Spiele gespielt, sondern das Spiel war bei uns wie ein unsichtbarer Freund.

Im Wohnzimmer lagen Holzbausteine, auf dem Bett eine selbst genähte Puppe. Es gab einen Wald zum Entdecken und Baupläne für ein Baumhaus. Auf dem Nachttisch stand ein Einmachglas mit Glühwürmchen, und im Bücherregal lag eine verpuppte Raupe. Wir sammelten Steine und bauten uns unsere Spielsachen selbst. Draußen gab es einen Garten, der die schlauen Kaninchen anzog, und eine unglaublich hoch schwingende Schaukel. Unsere Tagebücher waren besser als jeder Roman, und wir saßen auf der Treppe zum Garten und aßen gefrorenen Joghurt direkt aus dem Becher. Im Wohnzimmer machten wir weite Reisen auf einem Zauberteppich und bastelten mit alten Wachsmalstiften und Garnresten. Im Garten duftete es nach Äpfeln, und im Winter schaufelten wir uns Labyrinthe aus Schnee. Unsere Treppe war auch eine Rutsche, und unser Fahrrad fuhr schneller als der Wind. Wir hatten Bücher, die wir immer wieder lasen, und Zelte aus Wolldecken. Wir schrieben Theaterstücke und führten sie vor einem Publikum aus Stofftieren auf. Und wir spielten Karten und mogelten dabei. Wir kletterten auf Bäume und besuchten Freunde, die wir uns ausgedacht hatten.

Und jetzt hoffen wir, dass dieses Buch Sie inspiriert, jeden Tag in großen und kleinen Augenblicken eine Gelegenheit zum Spielen zu entdecken. Vielleicht weckt es auch die Erinnerungen an Ihre eigene Kindheit.

Wir glauben, dass Sie nicht die neuesten Spielsachen und auch keinen ausgefeilten Plan brauchen, um Kinder zu begeistern. Spielen kann man immer, mit dem, was man gerade zur Hand hat.

Natürlich soll das Spielen Spaß machen, aber Kinder lernen dabei auch viel fürs Leben. Freude, Achtsamkeit, Teamarbeit, Dankbarkeit, Aufpassen auf andere, Geduld, Mitgefühl, Fairness und Respekt – sie alle sind mit dabei, wenn gespielt wird.

Spielen ist der Klebstoff, der Familien zusammenhält.

Also los, lassen Sie uns spielen!

Holly und Rachel

Wenn nicht anders angegeben, sind die Aktivitäten in diesem Buch für Einzelne oder mehrere Teilnehmer geeignet. Oft gibt es Variationen, um Kinder unterschiedlicher Altersgruppen einzubeziehen. „Für jüngere Kinder" umfasst die Altersgruppe von einem bis drei Jahren. „Für ältere Kinder" betrifft eher die Altersgruppe von vier bis zehn. Und natürlich sind die meisten Aktivitäten für „Kinder aller Altersgruppen" gedacht, also auch für Sie.

Inhalt

Kapitel 1

GUT GEGEN TRÜBE STIMMUNG

Langeweile ist der Garten, in dem das Spiel wachsen kann. Sie motiviert zum Tun und ist wie ein leeres Blatt Papier, auf dem Kreativität gedeiht.

Hollys Tippp: Ich finde die Stadthäuser aus Holzklötzen (Seite 53) besonders toll. Man kann auf jede erdenkliche Weise mit ihnen spielen, und wenn sie gerade nicht benutzt werden, sind sie auch eine schöne Dekoration.

Rachels Tippp: Unsere Kinder bauen unheimlich gern Burgen aus Pappbechern (Seite 27). Wenn ich meine Kinder beschäftigen will oder muss, hole ich die Pappbecher raus. Ich denke, auch Ihre Kinder werden sie lieben.

Labyrinth in der Tüte

Labyrinthe sind ein Abenteuer auf Papier. Mit einer einfachen Bleistiftlinie beginnt die Reise ins Unbekannte. Und an jeder Kreuzung gibt es neue Möglichkeiten, das Ziel zu erreichen.

Labyrinthe in Tüten sind eine lustige Bastelarbeit, die auch unterwegs Spaß macht. Sie können Sie gut mitnehmen, wenn sich ein Kind irgendwo still beschäftigen soll.

Material
(Für ein doppeltes Labyrinth)

+ Schere
+ Karton, z.B. aus einer Frühstücksflocken-Schachtel
+ TK-Beutel mit Zipplock
+ 4 oder 5 Trinkhalme
+ Klebepunkte oder doppelseitiges Klebeband
+ 1 Glasmurmel oder Ähnliches

TIPP
Nach Auskunft von Hirnforschern helfen Labyrinthe beim Aufbau von neuen Verknüpfungen zwischen den Gehirnzellen und bei der Entwicklung von Problemlösungsfähigkeiten.

Den Karton zu einem Rechteck schneiden, das genau in den TK-Beutel passt. Eine Ecke abschneiden (Startpunkt) und in eine andere Ecke einen Kreis von 2,5 cm Durchmesser (Ziel) schneiden. Die Trinkhalme in kleinere Stücke schneiden und als Labyrinth auf den Karton kleben.

Die Tüte begrenzt den Karton, sodass man keinen Rand kleben muss. Die Glasmurmel in das Labyrinth geben, den Beutel schließen und die Murmel durch Bewegen des Kartons durch das Labyrinth bewegen.

Für jüngere Kinder
Lassen Sie Ihr Kind nur unter Aufsicht spielen und kleben Sie den Beutel zu. Gestalten Sie das Labyrinth eher einfach und nicht zu kompliziert.

Für ältere Kinder
Lassen Sie Ihr Kind das Labyrinth selbst bauen, evtl. doppelseitig. Dann gibt es mehr Spielmöglichkeiten.

Vogel-Seilbahn

Wenn man mit so einer Seilbahn fährt, ist es fast wie Fliegen. Man kann die Arme ausbreiten und spürt den Wind im Gesicht. Hier fliegt ein Vogel mit der Seilbahn, bewegt durch das Kind und die Schwerkraft.

Material
(Für eine Seilbahn)

+ 1 Blatt festes Papier
+ Stift
+ Schere
+ Marker oder Malstifte
+ Klebeband
+ 1 Trinkhalm
+ Garnrest

Für den Vogel das Blatt Papier längs falten und auf die eine Hälfte das Profil eines fliegenden Vogels aufmalen. Die Falzlinie bildet den Rücken des Vogels. An der gemalten Linie entlang ausschneiden. Den Vogel bunt anmalen, aufklappen und den Trinkhalm innen in den Falz kleben.

Für die Seilbahn das Garn zwischen zwei feste Punkte spannen. Den Vogel durch den Trinkhalm auf das Garn fädeln, bevor das Garn am zweiten Punkt befestigt wird.

Jetzt kann der Vogel auf der Seilbahn fahren. Mit mehreren Seilbahnen können auch Rennen geflogen werden.

Für jüngere Kinder
Die Seilbahn auf Schulterhöhe anbringen, sodass das Kind mit dem Vogel in der Hand hin und her laufen kann.

Für ältere Kinder
Die Kinder können einen schwierigeren Vogel bauen und die Unterseite des Trinkhalms aufschlitzen, sodass man den Vogel vom Garn nehmen kann, ohne die Enden loszubinden. Dann können auch kompliziertere Wege geflogen werden.

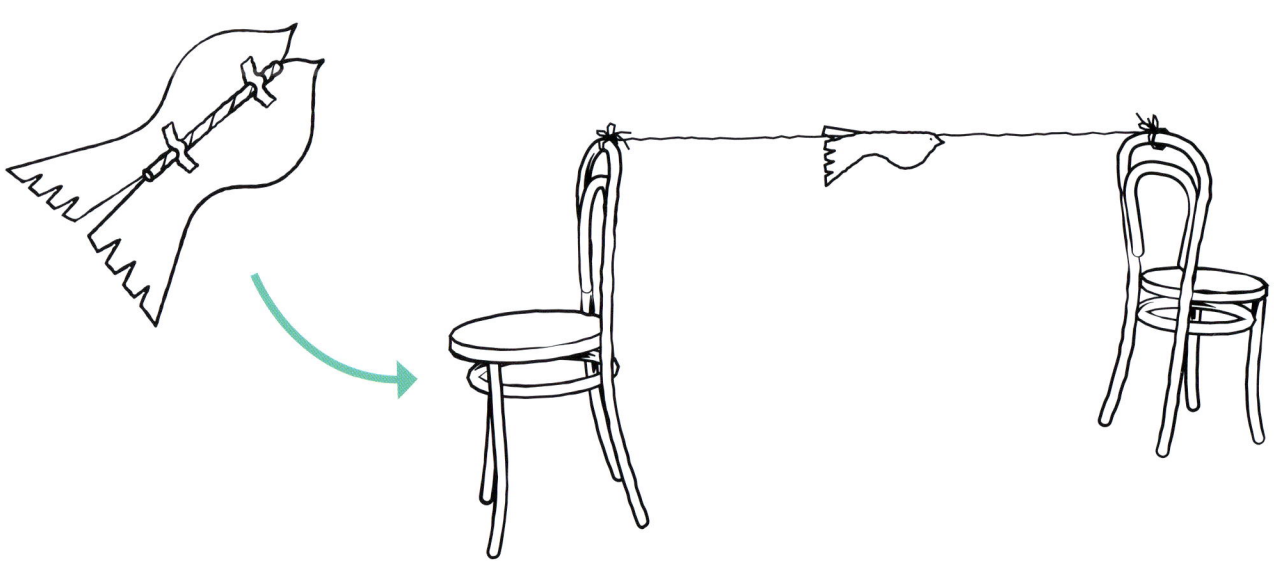

Zeichenbrett für Markerstifte

Als Kind habe ich am liebsten Sonnenaufgänge gemalt. Nach einem Besuch in den Bergen kamen noch ein paar schneebedeckte Bergspitzen hinter die aufgehende Sonne. Erst Jahre später sagte mir jemand, die Sonne könne auf keinen Fall vor den Bergen aufgehen. Aber das war eben künstlerische Freiheit.

Dieses Spiel ist sehr gut für die Reise oder Regentage geeignet. Verschiedene Hintergründe werden in eine durchsichtige CD-Hülle gegeben, sodass man mit löschbaren Markerstiften die Hülle bemalen kann. Und zwar immer wieder ... es gibt endlose Möglichkeiten.

Material

+ 1 LEERE CD-HÜLLE
+ ZEICHENPAPIER, FOTOS, LANDKARTEN USW.
+ SCHERE
+ LÖSCHBARE MARKERSTIFTE

TIPP

Geben Sie gelegentlich als Überraschung einen neuen Hintergrund hinein, wenn gerade niemand hinschaut.

Basteln Sie Hintergrundbilder für Ihre Schreibtafeln

Die Innenseite einer CD-Hülle ist 14 x 12 cm groß. Den Hintergrund kann man aus allen möglichen Papieren ausschneiden und dann in die Hülle geben. In der CD-Hülle können Sie gleich mehrere Hintergründe aufbewahren und immer wieder wechseln.

EINIGE IDEEN

- **Kinderfoto**: Mit Bärten, Hüten usw. sieht das Bild immer wieder anders aus.

- **Galgenmännchen**: Spielhintergrund für unendlich viele Spiele.

- **Labyrinth**: Geben Sie Ihrem Kind Papier in der richtigen Größe, damit es selbst ein Labyrinth zeichnen kann.

- **Himmel**: Mit hellblauem Papier haben Sie einen Hintergrund für Wolken, Flugzeuge und Vögel.

- **Kästchen**: Ein weißes Blatt Papier mit einem schwarzen Rahmen in der Mitte regt zu vielen verschiedenen Zeichnungen an.

Das Praktische an CD-Hüllen ist, dass mehrere dieser Hintergrundbilder hineinpassen und sie darin gut aufbewahrt werden können.

Für jüngere Kinder

Zeichnen Sie Buchstaben und Zahlen als Vorlagen, die Ihr Kind mit dem Markerstift nachfahren kann.

Für ältere Kinder

Lassen Sie Ihre Kindern Hintergründe zu ihren Lieblingsthemen gestalten. Beliebt sind auch Farbmuster, Kleiderumrisse und Körperumrisse.

Hüpfbälle

Jojos bewegen sich nach unten und trotzen der Schwerkraft, indem sie von selbst wieder hochkommen. Die rhythmische Bewegung verlangt körperliche und geistige Geschicklichkeit. Das ist für Menschen jeden Alters eine Herausforderung.

Mit dieser selbst gemachten Variante kann man nicht alle Jojo-Tricks durchführen, aber zum Training der Auge-Hand-Koordination sind die Hüpfbälle gut geeignet.

Material

+ Bunte Luftballons
+ Knetmasse (siehe auch Seite 19), Sand oder Mehl
+ Schere
+ 1 breites oder mehrere schmale Gummibänder
+ Klebeband

TIPP

Mit Knetgummi, Sand oder Mehl in einem Luftballon kann man auch einen „Stressball" herstellen, der Kinder beruhigt, wenn sie ihn kneten.

Den Ballon mit Knetmasse, Mehl oder Sand füllen und mit einem Knoten verschließen.

In einen zweiten Ballon (andere Farbe) einige kleine Löcher schneiden. Den zweiten Ballon vorsichtig über den gefüllten ersten Ballon streifen, sodass farbige Punkte entstehen.

Das Gummiband um den Knoten binden. Wenn es nicht lang genug ist, mehrere Gummibänder zusammenbinden.

Zum Spielen mit Klebeband ein X auf den Boden kleben. Das ist das Ziel. Jetzt geht es darum, den Ballon-Jojo auf das Ziel springen zu lassen. Wie oft geht das?

Für jüngere Kinder
Lassen Sie das Kind den gefüllten Ball kneten, das Spiel kommt später.

Für ältere Kinder
Mehrere Zielpunkte auf den Boden kleben und einen Parcours bauen. Die Zielpunkte können durchnummeriert werden. Wer die falsche Zahl erwischt, muss wieder von vorn anfangen.

Bauen mit Trinkhalmen

Wenn Sie Trinkhalme mit Pfeifenreinigern verbinden, werden sie zu einem hervorragenden, immer wieder verwendbaren Baumaterial.

Material

+ Flexible Trinkhalme in beliebiger Menge
+ Schere
+ Pfeifenreiniger falls gewünscht
+ + Klebeband

Mit Trinkhalmen kann man ganz einfach bauen, indem man ein Ende zusammenkneift und in den nächsten Halm hineinsteckt. Da sie einen Winkel haben, ergeben sich alle möglichen Formen. Sie können auch in eine gewünschte Länge geschnitten werden. Pfeifenreiniger sind als Verbindungsstücke gut geeignet.

Auf diese Weise entstehen alle möglichen dreidimensionalen Formen, Gebäude und Kunstwerke. Wenn die Pfeifenreiniger ganz in die Trinkhalme hineingesteckt werden, lassen die Halme sich biegen. Mit Klebeband kann man sie dauerhaft verbinden. Je mehr Halme Sie haben, desto größere Objekte können Sie bauen.

Für jüngere Kinder

Eine größere Menge Trinkhalme mit Pfeifenreinigern zu einem großen Kreis verbinden. Die Kinder haben Spaß daran, den Kreis in immer neue Formen zu biegen.

Für ältere Kinder

Lassen Sie Ihre Kinder verschiedene Größen von Trinkhalmen ausprobieren, bevor Sie mehr davon besorgen. Die Kinder können verschiedene Bauformen testen und selbst entscheiden, welches Material sie für ihr Projekt brauchen.

Essbare Knetmasse

Das Spielen mit Knetmasse gehört zu unseren Lieblingsaktivitäten. Hier habe ich eine Möglichkeit entwickelt, meine Kinder mit Knetmasse zu beschäftigen und gleichzeitig das Abendessen vorzubereiten. Das Geheimnis: selbst gemachte Nudeln. Nudelteig mit Eiern kann man sehr gut modellieren und sogar mit Rote-Bete-Saft oder Spinatsaft einfärben. Während die Kinder spielen, wird aus dem Teig ein Abendessen.

Material
(Für ca. 400 g Masse)

+ Grosse Rührschüssel
+ Kräftiger Löffel aus Metall oder Holz
+ 375 g Mehl
+ ½ TL Salz
+ 1 Ei
+ 60 g Saure Sahne
+ 80 ml Milch (siehe Tipp)
+ 2–3 EL Olivenöl
+ Rote-Bete- oder Spinatsaft zum Färben

TIPP

Die Saftmenge hängt davon ab, wie stark Sie den Teig einfärben wollen. Wir nehmen für dieses Rezept etwa 7 EL Saft, aber Sie können auch mehr nehmen und sogar die Milch komplett durch Saft ersetzen, wenn Ihre Kinder den Gemüsegeschmack mögen.

Für den Teig alle trockenen Zutaten in der Schüssel mischen. Dann Ei, saure Sahne, Milch und Öl zugeben. Falls gewünscht, den Saft zugeben. Der Teig wird sehr fest. Ein paar Stunden im Kühlschrank ruhen lassen. Ich bereite den Teig auf Vorrat zu und lasse ihn in einem luftdichten Behälter im Kühlschrank stehen.

Nach ein paar Stunden wird der Teig elastischer und weniger steif. Jetzt können Sie ihn kneten und mit ihm spielen. Je mehr damit gespielt wird, desto besser werden später die Nudeln.

Um dann tatsächlich Nudeln daraus zu machen, werden viele, viele „Würmer" gedreht. Das machen meine Kinder am liebsten. Sie können aber auch andere Formen zurechtkneten und flachdrücken oder den Teig ausrollen und zu dünnen Streifen schneiden.

Wenn Ihre Kinder genug gespielt und geknetet haben und die Nudeln fertig geformt sind, einen großen Topf Salzwasser zum Kochen bringen. Die Nudeln ca. 10 Minuten gar kochen, dickere Nudeln etwas länger.

Für jüngere Kinder
Wenn Ihre Kinder noch nicht so gut „Würmer" formen können, geben Sie ihnen eine Kinderschere, mit der sie Formen ausschneiden können.

Für ältere Kinder
Ältere Kinder können unter Aufsicht beim Kochen mithelfen. Das ist auch ein gutes Training für die Feinmotorik, denn Nudeln sind sehr glitschig. Oder lassen Sie Ihre Kinder einmal die Nudelsauce kochen.

Obstkettchen

Bei uns sind Ketten und anderer Schmuck ein großer Hit. Wir haben jede Menge Freundschaftsbändchen und Ketten aus selbst gemachten Perlen. Aber die besten Ketten und Armbänder sind die, mit denen man spielen kann.

Dieses hier kann man auch noch essen. Ihre Kinder haben dreifach Spaß daran: erst beim Vorbereiten, dann beim Tragen und schließlich beim Essen. Jungen und Mädchen finden es gleichermaßen toll, Ketten aus Obststücken auf Zahnseide aufzufädeln.

Material

+ ZAHNSEIDE
+ GROSSE PLASTIKNADEL
+ 150 G BEEREN UND/ODER OBST IN MUNDGERECHTEN STÜCKEN

TIPP

Diese Aktivität ist auch gut für Reisen geeignet. Wenn Sie keine Beerenflecken im Auto haben wollen, lassen Sie Ihre Kinder kleine Salzbrezeln auffädeln. Wenn die Kette fertig ist, können sie sie unterwegs aufknabbern. Und die Reste schluckt der Staubsauger.

Lassen Sie Ihre Kinder unter Aufsicht die Zahnseide in die Nadel einfädeln. Dann werden die Obststücke aufgefädelt. Binden Sie Ihrem Kind die Kette um.

Und dann: Guten Appetit!

Für jüngere Kinder

Am Anfang ist die Auge-Hand-Koordination für die kleinen Finger noch schwierig, aber das Kettenfädeln ist eine gute Vorübung fürs Nähen. Helfen Sie Ihrem Kind, die Zahnseide in die Nadel einzufädeln.

Für ältere Kinder

Lassen Sie Ihre Kinder eigene Muster entwerfen. Oder überlegen Sie sich, was noch aufgefädelt werden könnte: Brotstücke, kleine Brezeln, Frühstücksflocken mit Loch und dergleichen mehr

Puzzle aus Grußkarten

An einem Fenster in unserem Wohnzimmer hängen alle Weihnachtskarten, die wir im Dezember bekommen. Wir kleben sie einfach mit Klebeband fest. Bis Weihnachten ist das Fenster fast voll. Und wenn die Feiertage vorbei sind, kommt immer dieselbe Frage: Was tun mit den Karten? Zum Wegwerfen sind sie zu schön, aber es sind so viele! Dasselbe gilt für Geburtstags- und andere Grußkarten. So entstand die Idee, aus diesen Karten wiederverwendbare Puzzles zu machen.

Material
+ Alte Grusskarten
+ Schere
+ Evtl. Klebstoff

TIPP

Wenn auf der Karte ein ganz besonderer Gruß stand, schneiden Sie sie am Falz auf und kleben Sie die beiden Hälften zusammen, sodass das Bild auf der einen Seite ist und der Text auf der anderen. Dann schneiden Sie das Puzzle auf – eine doppelte Herausforderung.

Nehmen Sie eine Grußkarte mit großem Bild oder schneiden Sie das Bild aus. Schneiden Sie den Karton wie ein Puzzle, je nach Alter des Kindes in unterschiedlichen Schwierigkeitsgraden.

Doppelseitige Puzzles entstehen, wenn Sie zwei Grußkarten aneinanderkleben.

Für jüngere Kinder
Laminieren Sie die Karte, dann hält sie länger. Schneiden Sie eher große Puzzlestücke.

Für ältere Kinder
Lassen Sie das Kind die Teile selbst schneiden. Kleinere Teile oder mehrere Karten in einem Beutel ergeben kompliziertere Spiele. Erst mal müssen die Kartenteile sortiert werden. Ältere Kinder können aus den Kartenstücken auch eine Collage kleben und dann daraus ein neues Puzzle schneiden.

Bauen mit Weintrauben

Dieser „Baukasten" besteht aus Weintrauben und Zahnstochern und ist erstaunlich vielseitig. Man kann einfache Formen daraus bauen oder verrückte 3-D-Skulpturen und ganze Bauwerke. Oder einen Igel aus vielen Zahnstocherstückchen in einer einzigen Weintraube.

So können Sie den Nachmittag mit Bauen verbringen und hinterher die Weintrauben aufessen, aber bitte ohne die Zahnstocher.

Material
+ WEINTRAUBEN – SO VIELE WIE MÖGLICH
+ ZAHNSTOCHER

TIPP
Machen Sie sich einen Spaß, indem Sie mit einem Zahnstocher eine Iris pieken und dann eine Rosine als Pupille in die Weintraube stecken. Das sieht aus wie ein Auge. Wenn sie dieses Auge mit Wasser zu einem Eiswürfel frieren und später Ihrem Kind in einem Drink servieren, sieht es aus, als hätte das Getränk Augen.

Die Weintrauben aufhäufen und mit Zahnstochern zusammenbauen. Daraus entstehen runde oder eckige Häuser, Türme und Brücken. Alles ist möglich.

Für jüngere Kinder
Wenn Ihr Kind noch nicht so gut bauen kann, helfen Sie ihm oder versuchen Sie es erst mal mit Eisenbahnschienen.

Für ältere Kinder
Suchen Sie nach Fotos von Sehenswürdigkeiten und versuchen Sie, sie mit Weintrauben und Zahnstochern nachzubauen.

Abschussrampe für Marshmallows

In der Geschichte von David und Goliath wird kräftig Werbung für Steinschleudern gemacht. Tatsächlich finden die meisten Kinder den Gedanken an eine selbst gemachte Waffe, die mehr bewirkt als eine ganze Armee, faszinierend. Deshalb experimentieren sie so gern mit Y-förmigen Zweigen und Gummibändern, um etwas Ähnliches hinzubekommen und mit Steinen zu schießen.

Leider haben diese Waffen aber nicht die Präzision wie bei Goliath, sodass die Sache oft nach hinten losgeht. Hier kommt eine verlässlichere Alternative mit weicher Munition.

Material

+ Schere
+ Kleine Wegwerf-Plastikbecher (oder Joghurtbecher)
+ 1 Luftballon pro Becher
+ 1 Tüte Marshmallows in beliebiger Grösse

TIPP

Wenn Sie die sehr stark gezuckerten Marshmallows nicht verwenden wollen, geht es auch mit Stoffkugeln oder Tischtennisbällen.

Den Boden des Plastikbechers abschneiden. Dabei muss eventuell ein Erwachsener helfen.

Den Luftballon oben etwa 1 cm breit abschneiden und die untere Öffnung verknoten.

Den Ballon über den offenen Boden des Bechers streifen.

Ein großes oder mehrere kleine Marshmallows in den Becher geben, den Ballonknoten zurückziehen und loslassen. Die Marshmallows fliegen mehr oder weniger weit.

Für jüngere Kinder

Lassen Sie das Kind nur unter Aufsicht spielen oder machen Sie es zum Assistenten an der Abschussrampe.

Für ältere Kinder

Ältere Kinder können sich Ziele suchen oder die Weite des Flugs bestimmen. Außerdem fliegen unterschiedliche Formen von Marshmallows auch unterschiedlich weit. Wer schafft es als Erstes, die Schüssel zu treffen?

Straßen und Städte aus Abdeckband

Ein gut ausgebaute Spielstadt ist besser als Ferien. Die Reise kostet nichts, und Sie haben die Kontrolle, wo Sie wohnen, was Sie essen und welche Sehenswürdigkeiten Sie besuchen wollen. Wenn Sie einen Eiffelturm darin haben wollen, nur zu. Wenn Sie eine Achterbahn im Rathaus haben wollen, kein Problem. Und wenn in Ihrer Stadt an jeder Ecke ein Eismann stehen soll …

Wir bauen die Stadt aus Abdeckband, wie man es beim Anstreichen verwendet. Im Wohnzimmer fängt sie ganz klein an, aber vielleicht erstreckt sie sich am Ende bis in die Küche und den Flur. Und wenn Sie genug haben, verschwindet die Stadt aus Abdeckband ganz leicht und ohne Reste.

Material
+ Breites Abdeckband (Krepp)
+ Markerstifte
+ Spielzeugautos und/oder Actionfiguren, Playmobil oder Ähnliches

Erschaffen Sie mit dem Band Straßen sowie Umrisse von Gebäuden und Sehenswürdigkeiten. Lassen Sie Ihre Kinder kreativ die Stadt gestalten – vielleicht ist Ihre Couch das perfekte Einkaufszentrum. Denken Sie quer, lassen Sie die Stadt an der Wand oder an Möbeln hochsteigen.

Für jüngere Kinder
Am Anfang genügen vielleicht ein paar Straßen für die Spielzeugautos oder die Puppen.

Für ältere Kinder
Spielen Sie Schatzsuche mit einer Straßenkarte. Lassen Sie die Kinder einen Stadtplan nachbauen, dann markieren Sie eine Stelle auf dem Plan mit dem Schatz. Die Kinder sollen mithilfe des Stadtplans den richtigen Ort finden.

TIPP
Ein Straßennetz, das Ihr Kind aus der Vogelperspektive sieht, ist eine gute Möglichkeit, Richtungen wie „links" und „rechts" zu lernen. Sie können auch Ihr Stadtviertel nachbauen und Straßennamen üben.

Ein Schloss aus Pappbechern

Als ich ein Kind war, bildete ich mir ein, dass ich in die falsche Familie geraten sei oder man das königliche Blut in unserem Stammbaum vor mir geheim gehalten habe. Es kam mir so unfair vor, dass ich keine echte Prinzessin sein sollte.

Ich war dazu geboren, eine funkelnde Krone zu tragen und das Land zu regieren. Letztlich wurde nichts daraus, aber das Land der Phantasie dürfen ja auch unentdeckte Prinzen und Prinzessinnen besuchen.

Dieses Spiel beginnt mit einer Packung Becher und ein paar Blättern Papier. Am Ende kommt dabei ein Phantasieschloss heraus.

Material
(Für ein Schloss)

+ 5–8 Blätter Papier
+ Mindestens 100 Pappbecher (je grösser, desto besser, es geht auch mit Plastikbechern)

TIPP

Vor Beginn des Spiels sollten Sie einen Friedensvertrag unterzeichnen, der besagt, dass niemand ohne Erlaubnis in ein Nachbarkönigreich eindringt. Das Abreißen von Schlössern macht nur Spaß, wenn alle damit einverstanden sind.

Für das Schloss das Papier im Zickzack falten. So entstehen Böden und Brücken. Die Becher sind die Bausteine.

Das Schloss soll so groß wie möglich werden, alles Material sollte verwendet werden.

Aus den Bechern und dem Papier kann man nicht nur Schlösser bauen, sondern auch Mauern, Zugbrücken, Bäume, Häuser und so weiter. Am Ende breitet sich das Königreich vielleicht im gesamten Wohnzimmer aus.

Für jüngere Kinder
Statt der Papierflächen Karton aus leeren Schachteln ausschneiden. Das ergibt glattere Oberflächen.

Für ältere Kinder
Geben Sie eine Mindesthöhe des Schlosses vor oder schicken Sie die Kinder los, um im Haus nach weiterem Baumaterial zu suchen.

Ping-Pong-Ball-Rennen

In einem Kindermuseum in unserer Gegend steht eine Metallwand. In Eimern unterhalb der Wand liegen alle möglichen Magnet-Rohre, mit deren Hilfe der Ball über die Wand transportiert wird. Meine Kinder spielen sehr gern dort. Manchmal sind sie die ganze Zeit im Museum nur dort zugange.

Mein Mann wollte keine Metallwand in unserem Haus, aber in einer kleinen Version mit recycelten Pappröhren von Toiletten- und Küchenpapier an der Kühlschranktür geht es auch ganz gut.

Material

+ 1 Rolle Magnetklebeband
+ 6–10 leere Pappröhren vom Toiletten- und Küchenpapier
+ Schere
+ Klebeband
+ Tischtennisbälle

TIPPS

Decken Sie den Magneten mit einem Aufkleber ab, dann gibt es keine Kratzer auf der Kühlschranktür.

Als Variante finden Sie auf Seite 41 ein Wandspiel mit PVC-Röhren, das Ihre Kinder sicher eine Weile unterhält.

Die Schutzschicht vom Magnetband abziehen und auf die Seite der Pappröhren kleben, sodass die Röhren an den Kühlschrank gehängt werden können.

Viele verschiedene Röhrengrößen herstellen, damit der Ball verschiedene Wege gehen kann.

Das eine Ende einer Röhre zukleben, damit die Bälle darin aufbewahrt werden können.

Für jüngere Kinder
Ein ganz einfache Rennstrecke bauen. Die meisten Kinder haben den Bogen mit dem Ball ganz schnell heraus.

Für ältere Kinder
In Ihrem Haushalt finden sich sicher noch andere Gegenstände, die als Hindernisse für den Ball verwendet werden können. Außerdem können die Pappröhren mit Fenstern, Türen und halb offenen Bahnen verwandelt werden.

Masken aus Pfeifenreinigern

Natürlich werden aus den Pfeifenreinigern keine echten Masken, aber die Bärte und Augenbrauen machen einfach Spaß. Es gibt bei diesem Spiel viel zu lachen, und manchmal wird es richtig albern.

- -

TIPPS

Wenn Sie befürchten, dass Ihre Kinder sich mit den spitzen Enden der Pfeifenreiniger stechen, biegen Sie die Enden einfach um und verdrehen Sie sie ein paar Mal. Dann sind die Enden stumpf und auch für kleinere Kinder sicher.

Mit diesem Spiel vergehen auch längere Autofahrten wie im Fluge. Geben Sie Ihren Kindern eine Tüte Pfeifenreiniger und einen Spiegel, dann hören Sie eine Weile nur noch Gekicher von der Rückbank.

Sie haben noch Pfeifenreiniger übrig? Machen Sie riesige Seifenblasenringe daraus (siehe auch Seite 56).

Einige Vorschläge für tolle Masken:

Spionbrille

Zwei verschiedenfarbige Pfeifenreiniger zu einer Schnecke drehen, dann die Mitte ein wenig herausdrücken. Mit zwei weiteren Pfeifenreinigern die Brillenbügel formen.

Fühler

Käfer und Insekten haben Fühler – Außerirdische vielleicht auch? Aus einigen Pfeifenreinigern wird ein Stirnband, die Fühler werden daran befestigt, eventuell mit Spiralen oder gedrehten Enden.

Weitere Ideen:

- Schwerter
- Hüte
- Schnurrbärte
- Katzen-Schnurrhaare
- buschige Augenbrauen
- Blumen

Für jüngere Kinder

Statt die Maske selbst aufzusetzen, kann Ihr Kind sie auch auf einem großen Ausdruck seines Fotos anprobieren.

Für ältere Kinder

Die Kinder können Masken für ein anderes Kind anfertigen. Oder Sie geben ein Thema vor: eine Rockstar, ein Tier, eine Zirkusfigur usw. Die Kinder können sich dann Masken ausdenken, die zum Thema passen.

Bauen mit Spielkarten

Wir haben Schubladen voller Spielkarten, darunter einige Erbstücke, Reiseandenken, Geschenke und Last-Minute-Käufe, weil wir irgendwie kein vollständiges Set finden konnten.

Doch diese unvollständigen Sets lassen sich in Baumaterial verwandeln, das gut transportabel ist und unendliche Spielmöglichkeiten bietet.

Material
+ SPIELKARTENSETS, GERN AUCH UNVOLLSTÄNDIG
+ SCHERE

TIPP
Die Karten passen trotz der Verarbeitung nach wie vor in die Schachtel, wodurch sie bequem mitgeführt werden können.

Jede Karte auf den langen Seiten mit vier Schlitzen versehen, jeweils 4 cm von den Enden entfernt. Die Schlitze dürfen nicht mehr als 1,5 cm lang sein, sollten aber im rechten Winkel zur langen Kante stehen.

Aus diesen Karten können Kinder große und kleine Gebäude erstellen – nicht nur Kartenhäuser.

Für jüngere Kinder
Schneiden Sie ähnliches Baumaterial aus kräftigem Karton, Spielkarten sind für kleine Hände oft zu hart und glatt.

Für ältere Kinder
Je mehr Kartensets Sie verwenden, desto vielfältiger sind die Möglichkeiten.

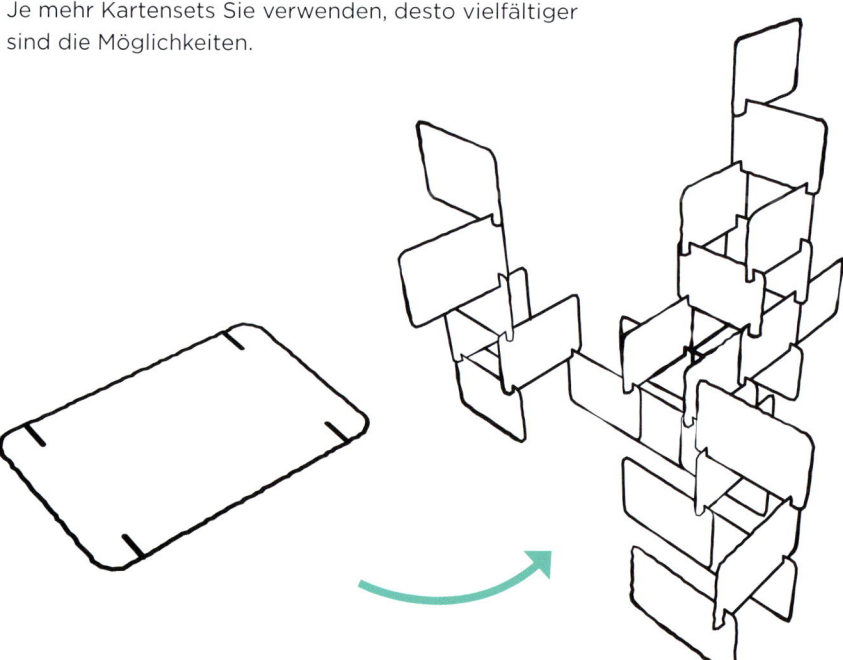

Schattenspiel

Ich erinnere mich noch lebhaft an den Tag, als ich zum ersten Mal wirklich über meinen Schatten nachdachte. Erst saß ich nur da, aber irgendwann stand ich auf und versuchte, ihn zu überlisten. Ich sprang und schwankte und duckte mich und lief, aber der Schatten folgte mir überall hin. Also entschloss ich mich, ihn zu ignorieren und nur ab und zu heimlich hinzugucken, nur mit den Augen, sodass der Schatten sich nicht bewegte.

Bei diesem Spiel kann die ganze Familie mitmachen, weil jeder von uns einen Schatten hat. Bringen Sie ein bisschen mehr Leben und Spaß in ihr nächstes Familienfest, indem Sie mit Ihrem Schatten tanzen.

Material

+ Klebeband (Krepp), um das Laken an die Wand zu hängen
+ 1 grosses weisses Laken oder eine freie Wand
+ Scheinwerfer
+ Musik

Hängen Sie das Laken an die Wand und schalten Sie das Licht ein. Experimentieren Sie ein wenig mit den Abständen, damit der Schatten richtig scharf zu sehen ist. Schalten Sie die Musik ein und beobachten Sie, wie Ihr Schatten tanzt.

Für jüngere Kinder

Vorsicht mit dem Licht, solche Lampen werden heiß.

Für ältere Kinder

Erstellen Sie gemeinsam mit Ihren Kindern eine Liste der Lieblingsaktivitäten Ihrer Familie. Werfen Sie alle Ideen in einen Hut und ziehen Sie eine heraus. Versuchen Sie Szenen dieser Aktivitäten als Schattenspiel darzustellen. Noch spannender sind Szenen mit zwei oder mehr Personen.

Taschenpuzzle

Meine Großeltern hatten immer große, schwierige Puzzles auf dem Esstisch liegen. Meine Großmutter legte ein großes Stück Karton darunter, damit man es bei Familientreffen wegräumen konnte, aber oft scharte sich die Familie auch einfach um das Puzzle. Jedes Mal, wenn jemand am Tisch vorbeikam, blieb er oder sie stehen und versuchte, ein Puzzleteil zu platzieren.

Das folgende Spiel greift diese Tradition auf. Es ist ein Puzzle mit offenem Ende, bei dem jeder mitspielen kann. Es besteht aus Moosgummi, Magneten und einer Metallbox. Ob zu Hause oder unterwegs: immer wieder ein neues Puzzle.

Material
(Für ein Taschenpuzzle)

+ Mehrere Bögen selbstklebendes Moosgummi
+ Magnetfolie oder magnetische Visitenkarten
+ Zeichenpapier mit grossen Karos
+ Schere
+ Metallbox

TIPP

Das Puzzle kann auch gut an der Kühlschranktür gespielt werden. Es hält gleichzeitig Notizzettel fest und beschäftigt Kinder, während Sie kochen.

Ziehen Sie die Schutzfolie von den Moosgummibögen ab und kleben Sie die Magnetfolie darauf. Wir haben zunächst mit kleineren Abschnitten gearbeitet. Legen Sie das Zeichenpapier auf die Moosgummibögen und schneiden Sie Formen entlang der Karolinien aus. Denken Sie sich dabei eine Vielfalt von Umrissen aus – solange Sie sich an die Karolinien halten, wird das Puzzle immer zusammenpassen. Ein Stück Zeichenpapier wird dann in den Deckel der Box geklebt.

Die Kinder können dieses Puzzle allein oder gemeinsam/abwechselnd machen. Das Ziel besteht darin, den ganzen Deckel zu füllen, ohne leere Stellen übrig zu lassen.

Für jüngere Kinder
Machen Sie die Stücke größer und verwenden Sie eine größere Fläche.

Für ältere Kinder
Einige Zusatzregeln: Niemand darf zwei Mal dieselbe oder immer nur eine einzige Farbe benutzen. Oder innerhalb der Fläche muss ein Bild entstehen, z.B. ein Haus. Oder begrenzen Sie die Zeit auf drei Minuten. Wenn das zu einfach ist, verkürzen Sie die Zeit …

Post-it-Labyrinth für Wattebäusche

Bei diesem Projekt entsteht aus Post-it-Zetteln ein Labyrinth. Das können die Kinder gut selbst machen. Das Gute ist aber, dass es auch für den „Erbauer" schwierig genug bleibt, ein Wattebällchen mithilfe eines Trinkhalms durch das Labyrinth zu pusten.

Material

+ KLEBENOTIZEN
+ TISCHPLATTE ODER FUSSBODEN
+ GENUG TRINKHALME FÜR ALLE MITSPIELENDEN KINDER
+ BUNTE WATTEBÄUSCHE

TIPPS

Wie man ein Labyrinth baut? Füllen Sie zunächst eine Fläche von ca. 60 x 90 cm mit den Klebezetteln. Dann nehmen Sie Zettel weg, sodass ein Labyrinth entsteht.

Übrigens lernen Kinder beim Pusten durch den Trinkhalm sehr gut, ihren Atem zu kontrollieren. Das beruhigt auch die unruhigsten Kinder.

Bauen Sie ein Labyrinth mit Post-it-Zetteln (oder mit ablösbarem Klebeband). Sorgen Sie für genug Ecken, Kurven und Wendestellen.

Dann bekommt jedes Kind einen Trinkhalm und einen Wattebausch. Am Startpunkt geht es los. Der Wattebausch soll durch das Labyrinth gepustet werden, ohne vom Weg abzukommen. Wer den Weg verliert, muss wieder von vorn anfangen.

Für jüngere Kinder

Lassen Sie Ihr Kind erst mal mit einem Trinkhalm und einem Wattebausch auf einer freien Fläche üben. So lernt es gleichzeitig, seinen Atem zu kontrollieren. Unsere Jüngsten haben die Wattebäusche erst mal überallhin geblasen und fanden das toll. Allmählich können Sie dann einen einfachen Startpunkt und vielleicht ein paar Hindernisse dazugeben.

Für ältere Kinder

Halbieren Sie die Zettel, um das Labyrinth enger zu machen. Bauen Sie komplizierterte Wege – oder lassen Sie die Kinder selbst bauen.

Lassen Sie die Kinder experimentieren: Lässt sich der Wattebausch leichter kontrollieren, wenn ich einen dünneren Halm benutze? Was passiert mit einem größeren oder kleineren Wattebausch?

Zelt aus PVC-Röhren

Alle Kinder wünschen sich ein Spielhaus. Was könnte man damit nicht alles anfangen!

Hier haben wir mit PVC-Röhren gearbeitet, die immer wieder neu zusammengebaut werden. Zum Beispiel zu diesem Zelt.

Material

+ PVC-Cutter
+ 8 PVC-Röhren mit 1,5 cm Durchmesser, 3 m lang
+ 10 dazu passende Eckstücke
+ 12 dazu passende T-Stücke
+ Markerstift
+ Laken

TIPP

Dies ist ein ziemlich preisgünstiges Spielzeug. Das Teuerste ist der PVC-Cutter.

Schneiden Sie mit dem Cutter 12 Stücke von 1,22 m Länge aus den Röhren. Daraus entsteht das Unterteil des Zeltes.

Für die Dachteile brauchen Sie 4 Stücke von 86 cm Länge. Schreiben Sie mit dem Markerstift ein R darauf, damit Sie sie sofort erkennen.

Aus den übrigen Stücken schneiden Sie 12 Abschnitte von 5 cm Länge für die Ecken. Hangen Sie die Laken über das Dach und wickeln Sie sie um die Seiten.

Für jüngere Kinder

Halbieren Sie die Maße und bauen Sie ein Mini-Zelt. Lassen Sie die Kinder beim Bauen mithelfen.

Für ältere Kinder

Lassen Sie Ihre Kinder das Haus entwerfen und eine Anleitung schreiben. Für das hier beschriebene Zelt braucht man nicht viel mehr als den Satz des Pythagoras und etwas Mathematikkenntnisse aus der fünften Klasse.

Spielwand aus PVC-Röhren

Kettenreaktionen stellen nicht immer den leichtesten Weg zum Ziel da, sind aber sehr unterhaltsam. Die Vorstellung, ein einfaches Ziel durch komplexe Mittel zu erreichen, ist auch die Grundlage von Rube Goldbergs Erfindungen. Sie beruhen fast immer auf Kettenreaktionen.

Genau das können Kinder mit diesem Spielzeug erreichen. Sie können die Schwerkraft überlisten und immer neue Schritte erfinden. Und obwohl sie glauben zu wissen, was als Nächstes passiert, gibt es immer wieder Überraschungen.

Material

+ Verschiedene PVC-Verbindungsstücke (5,5 cm Durchmesser)
+ Bohrer
+ Plastiktrichter
+ Saugnäpfe, je einer für jedes PVC-Stück
+ Schüssel, die aufs Fensterbrett passt
+ Messbecher
+ Trockene Hülsenfrüchte, Perlen, Frühstücksflocken o.Ä.

TIPP

In der Badewanne wird dieses Spiel zu einem nassen Vergnügen.

Verwenden Sie verschiedene Verbindungsstücke aus PVC, wie sie für Abflüsse u.Ä. benötigt werden. Wir haben hier sieben Stücke benutzt, drei gerade, zwei Winkel, ein T-Stück und einen rechten Winkel. Außerdem brauchen Sie einen Trichter.

Bohren Sie Löcher in die Plastikteile und den Trichter. In jedes Loch kommt ein Saugnapf.

An einem Fenster, das das Kind gut erreichen kann, wird jetzt die erste „Fallstrecke" konstruiert, von einem oberen Startpunkt bis zu der Schüssel auf dem Fensterbrett. Testen Sie die Kettenreaktion mit einer Tasse voll Trockenerbsen, Glasmurmeln oder vielleicht sogar Frühstücksflocken.

Danach überlassen Sie das Bauen und Spielen den Kindern. Sie werden mit den verschiedensten Materialien und Mengen experimentieren und die Strecke immer wieder neu bauen.

Für jüngere Kinder

Wählen Sie je nach Alter des Kindes Materialien, mit denen es sicher spielen kann (Frühstücksflocken für die ganz Kleinen, die noch alles in den Mund stecken). Die Bauelemente können in der Spülmaschine gereinigt werden.

Für ältere Kinder

Verkleinern Sie das „Ziel" auf der Fensterbank; es könnte z.B. ein Messbecher sein. Lassen Sie die Kinder einen Weg mit mehreren Ausgängen konstruieren. Oder stellen Sie ihnen die Aufgabe, einen „falschen" Weg, den ein kleineres Kind konstruiert hat, in zwei Zügen zu „reparieren".

Fühlbeutel

Fühlbeutel sind etwas ganz Besonderes: eine Mischung aus Texturen und Tastempfindungen in einem sauberen Umfeld. Kinder, die sich nicht gern die Hände schmutzig machen, können sich buchstäblich „herantasten". Für andere ist es einfach ein wunderbares Spiel.

In den TK-Beuteln befinden sich eine Flüssigkeit und ein fester Gegenstand, die normalerweise nicht zusammen anzutreffen sind. Hier einige unserer Lieblingskombinationen mit Dingen, die Sie im Haus haben. Die Möglichkeiten sind natürlich endlos.

- -

Material

+ VERSCHIEDENE TASTGEGENSTÄNDE (SIEHE VORSCHLÄGE)
+ TK-BEUTEL MIT ZIPP-LOCK
+ DURCHSICHTIGES PAKETKLEBE-BAND

Füllen Sie die Gegenstände in die TK-Beutel, sodass der Beutel, wenn er auf der Seite liegt, etwa 2,5 cm hoch gefüllt ist. Streichen Sie so gut wie möglich die Luft aus dem Beutel. Fest verschließen und den Verschluss mit Klebeband sichern.

Ozean mit Klümpchen

Geben Sie blaues Haargel und kleine Styroporteile (Füllung von einem kaputten Stofftier, Verpackungsteile) in den Beutel. Er fühlt sich wunderbar glitschig und kühl an, und die Klümpchen laden zum Erkunden ein.

Saubere Malfarbe

Geben Sie etwas von der Lieblingsfarbe Ihres Kindes in den Beutel. Mit einem Wattestäbchen kann es dann auf der Oberfläche des Beutels malen oder schreiben. Diese immer wieder verwendbare „Tafel" eignet sich auch wunderbar für Ratespiele.

Blüten tasten

Geben Sie durchsichtiges Haargel und einige Seidenblüten ohne Stiele in den Beutel. Das sieht schön aus, fühlt sich lustig an und ist ein tolles Spielzeug für die Badewanne oder den Pool.

Für jüngere Kinder

Sehr kleine Kinder sollten nur unter Aufsicht mit Plastikbeuteln spielen. Wenn Ihr Kind Dinge schnell kaputt macht, nehmen Sie zwei Beutel übereinander und sichern sie mit zusätzlichem Klebeband.

Für ältere Kinder

Eigentlich ist dies eher ein Spiel für kleine Kinder, aber die Älteren können Themenbeutel mit ihren Lieblingsgegenständen zusammenstellen. Dann noch etwa dicke Flüssigkeit oder Gel dazu, und schon haben Sie ein witziges Schreibtisch-Accessoire mit stressmindernden Eigenschaften.

Trinkhalmgleiter

Für mich sahen Spielzeugflieger immer so aus wie richtige Flugzeuge: zwei Flügel, Nase, Heckflosse. Dann fliegen sie. Aber dieser Papiergleiter ist anders, er sieht überhaupt nicht aus, als könnte er fliegen. Und doch ist er absolut in der Lage, der Schwerkraft zu trotzen.

Also los: Schnappen Sie sich einen Trinkhalm und ein Stück Papier und bauen Sie ihn nach. Sie werden von diesem „UFO" positiv überrascht sein.

Material
(Für einen Gleiter)

+ 1 Blatt Zeichenkarton oder festes Papier
+ Schere
+ Klebeband
+ Trinkhalm

TIPP

Langweilen sich Ihre Kinder im Restaurant? Dann bauen Sie doch mal aus Pappbechern und Trinkhalmen solche fliegenden Meisterstücke. Zum ersten Testflug sollten Sie allerdings erst ansetzen, wenn Sie das Restaurant verlassen haben.

Schneiden Sie zwei Streifen aus dem Papier und kleben Sie beide Streifen zu Ringen zusammen. Ein Ring sollte etwas größer sein als der andere. Beide Ringe werden dann an den Trinkhalm geklebt.

Bauen Sie Zielpunkte im Haus auf, z.B. aus Kissen. Jedes Kind soll seinen Gleiter zum ersten Ziel werfen. Von da aus geht es dann weiter. Wer als erster seinen Gleiter durch den ganzen Parcours gebracht hat, ist Sieger.

Für jüngere Kinder
Beim Zielfliegen eine größere Fläche vorsehen, die ihren Fähigkeiten entspricht. 50 cm rund ums Ziel sollten es schon sein.

Für ältere Kinder
Ältere Kinder können mit unterschiedlichen Designs ihres Gleiters experimentieren. Fliegt er weiter, wenn die Ringe größer oder kleiner sind? Wenn Sie näher zusammen oder weiter auseinander sind? Und was ist mit einem Gleiter aus drei Ringen?

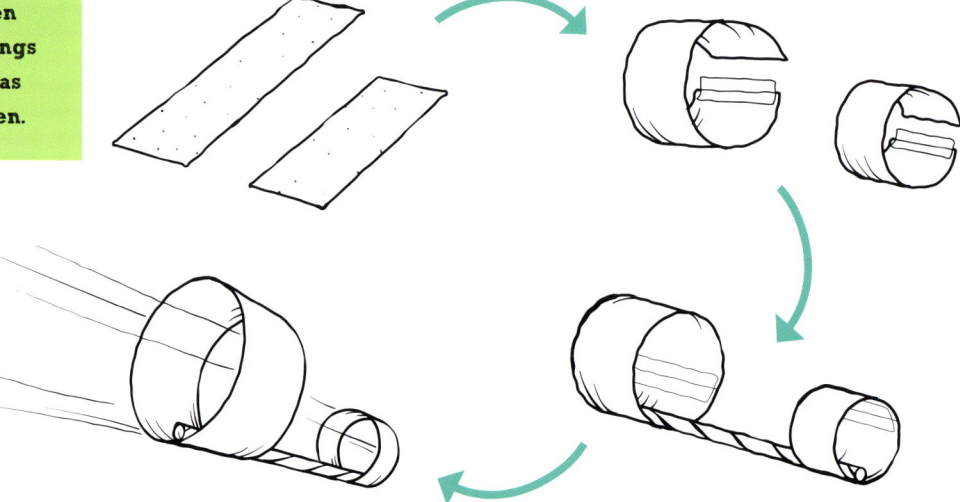

Stofftier-Marionette

Eine meiner liebsten Filmszenen ist die mit den Marionetten in The Sound of Music. Die Kinder führen das Stück für den Rest der Familie auf, sie haben eine in Rot und Gold gestrichene Bühne mit Vorhängen und wunderbare Marionetten. Die Kinder stehen oberhalb der Bühne und führen die Puppen an langen, unsichtbaren Fäden: einen einsamen Hirten und eine Geiß tanzen in den Bergen und jodeln dazu.

Auch wenn Sie kein Schloss besitzen wie die Trapp-Familie, können Sie mit diesem Spiel Stofftieren Leben einhauchen.

Material
(Für eine Stofftier-Marionette)

+ 2 Lineale
+ 1 Wollknäuel
+ Schere
+ Stofftier
+ Büroklammer oder Tacker

Bilden Sie aus den beiden Linealen ein Kreuz und binden Sie sie fest zusammen. Lassen Sie ein Stück Garn von der Mitte herunterhängen. Weitere Garnlängen werden an den vier Enden befestigt, am besten durch die Löcher der Lineale.

Binden Sie die vier Garnstücke von den Enden an Arme und Beine des Stofftiers. Das mittlere Garnstück wird mit einer Büroklammer oder mit dem Tacker am Kopf befestigt.

Wenn Sie jetzt das Kreuz bewegen, fängt das Stofftier an zu gehen und zu tanzen.

Für jüngere Kinder
Halten Sie die Fäden relativ kurz, damit sie sich nicht verknoten können.

Für ältere Kinder
Vermutlich müssen Sie jetzt Unmengen von Linealen kaufen, denn mit diesem Spiel wecken Sie das Interesse an Stofftieren wieder, die vielleicht schon seit Jahren unter dem Bett liegen.

Trommeln aus Konservendosen

Kinder machen einfach unheimlich gerne Krach. Das haben die Spielzeugfabrikanten erkannt und verkaufen immer lautere Spielsachen mit Glocken, Pfeifen und so weiter. Irgendwann sind die meisten Eltern so weit, dass sie diese Sachen konfiszieren, um endlich Ruhe haben zu können.

Hier kehren wir von all den ausgefeilten Krachmachern zurück zum Ursprung: zu den Trommeln. Wenn Kinder in einer ruhigen Umgebung mit Tönen experimentieren können, erkennen sie auch Unterschiede. Also los, schnappen Sie sich Konservendosen und Luftballons: Wir bauen Trommeln.

Material

+ LUFTBALLONS IN VERSCHIEDENEN FARBEN
+ SCHERE
+ LEERE KONSERVENDOSEN ODER ANDERE RUNDE METALLBEHÄLTER
+ GUMMIBÄNDER
+ LÖFFEL UND STÖCKE, AM BESTEN AUS HOLZ

TIPP

Noch mehr Spaß gefällig? Die fertige Trommel kann auch als Mini-Trampolin für alle möglichen Sachen – und für Action-Figuren – dienen.

Schneiden Sie den Hals eines Luftballons ab und streifen Sie den oberen Teil über eine Konservendose. Wiederholen Sie das mit einem zweiten Ballon in anderer Farbe, in den Sie vorher ein paar kleine Löcher schneiden. Beide Ballons werden mit Gummiband am Rand der Dose fixiert.

Bauen Sie verschieden große Trommeln, um unterschiedliche Töne zu erzeugen.

Mit Holzlöffeln und Stöcken werden die Trommeln angeschlagen, damit man die Töne hören kann. Es geht aber auch mit den Händen. Spielen Sie doch mal als Familienband!

Für jüngere Kinder
Da Luftballons gefährlich sein können, verwenden Sie stattdessen Butterbrotpapier oder Cellophan. Mit einem Pappkarton ergibt sich eine größere Trommel ohne scharfe Kanten.

Für ältere Kinder
Ältere Kinder können aus den verschiedensten Materialien eigene Trommeln bauen. Mit trockenem Reis, getrockneten Erbsen, Glasmurmeln oder anderen Gegenständen werden zusätzliche Soundeffekte erzielt.

Bauklötze aus Holz

Bauen ist gut für die Entwicklung des Gehirns. Kinder entwickeln dabei ihr räumliches Vorstellungsvermögen und ihr Verständnis für Ursache und Wirkung. Unsere Kinder lieben das Bauen mit Bauklötzen in allen Formen und Größen.

Und ihre Lust am Bauen ist größer geworden, ohne jemals nachzulassen. Sie bauen gern komplizierte Türme, Häuser und Stadtlandschaften. Manchmal scheint es, als gäbe es einfach nicht genug Steine. Als ein Baum in unserem Garten gefällt werden musste, waren wir ganz begeistert: Endlich konnten wir neue Bauklötze herstellen.

Material

+ 2 ODER 3 ÄSTE MIT EINEM DURCHMESSER VON CA. 7,5 CM
+ TISCHSÄGE (WIR HABEN EINE ELEKTRISCHE SÄGE BENUTZT)
+ SANDPAPIER (GROB UND FEIN)
+ ARBEITSHANDSCHUHE FÜR ERWACHSENE UND KINDER
+ HOLZÖL (LEINÖL ODER ANDERES ÖL FÜR LEBENSMITTELTAUGLICHE OBERFLÄCHEN)

TIPPS

Diese Bauklötze sind auch ein tolles Geschenk! Geben Sie ein paar Dutzend davon in eine Schachtel, vielleicht noch ein paar Holztiere dazu. Wenn Sie einen Erwachsenen beschenken wollen, sind kleinere Klötze sicher sehr willkommen.

Schneiden Sie mit der Säge Scheiben von den Ästen ab. Ältere Kinder können helfen, indem sie markieren, wie groß die Stücke sein sollen. Vielfalt erhöht das Bauvergnügen.

Mit Sandpapier werden dann die Kanten geglättet. Das dauert eine Weile und ist anstrengend. Um richtig gute Bauklötze zu bekommen, sollte das Holz trocknen und ein wenig ablagern. Das geht gut in einer trockenen Garage und ist vor allem dann wichtig, wenn Sie einen frisch gefällten Baum verarbeiten.

Wenn das Holz einen oder zwei Monate gelagert hat, behandeln Sie die Kanten ein zweites Mal mit Sandpapier. Ziehen Sie Ihrem Kind dann Arbeitshandschuhe an und geben Sie ihm ein sauberes Tuch, das Sie in Öl getaucht haben. Das Öl wird in das Holz eingerieben – so werden die Klötze schöner und haltbarer.

Für jüngere Kinder
Die Herstellung der Bauklötze ist definitiv etwas für ältere Kinder, aber Kinder aller Altersgruppen spielen gern damit.

Für ältere Kinder
Lassen Sie Ihr Kind Zweige sammeln, während Sie die Äste zersägen. Kleinere Stöcke dienen als ergänzendes Baumaterial. Geben Sie den Kindern zusätzliches Material: Garn und ein Tuch, Figuren und Tiere eröffnen endlose Spielstunden.

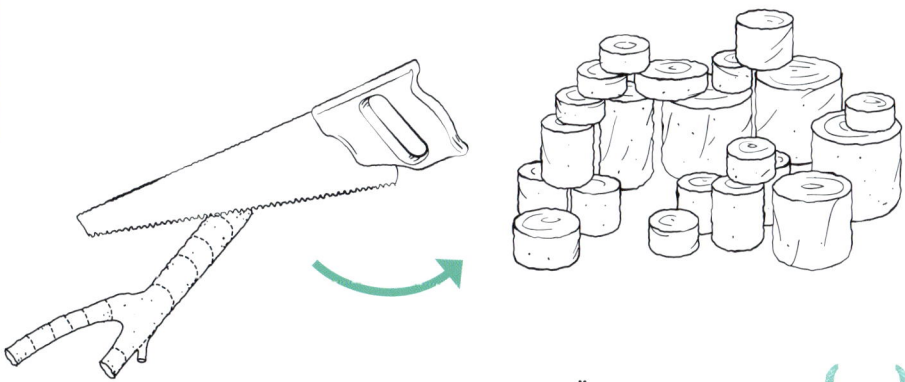

Dosenspringen

Die innere Zufriedenheit, wenn man etwas Schwieriges ganz allein geschafft hat, ist unübertrefflich – nicht nur bei Kindern. Bis es so weit ist, wird geübt. Das sieht von außen nach harter Arbeit aus, aber im Kopf eines ausdauernden Kindes lohnt der Erfolg die Mühe. Heute spielen sich solche Leistungen oft in Videospielen und organisierten Sportaktivitäten ab.

Mit diesem Spiel stellen wir die Uhr ein wenig zurück und benutzen nur ein Springseil und eine Konservendose.

Material
(Für ein Springseil)

+ 1 LEERE, MITTELGROSSE KONSERVENDOSE
+ SANDPAPIER ODER PAKETKLEBEBAND
+ HAMMER
+ 1 DICKER NAGEL
+ + SEIL

TIPP

Mit diesem Springseil kann an regnerischen Tagen auch drinnen gespielt werden. Dazu sollten Sie die Dose mit Filz oder Fleece bekleben, damit sie nicht so viel Krach macht und keinen Schaden anrichtet.

Entfernen Sie mit Sandpapier alle scharfen Kanten von der Dose oder kleben Sie sie ab. Mit Hammer und Nagel schlagen Sie ein Loch hinein, führen beide Enden des Seils durch das Loch und verknoten sie innen.

Zum Springen nimmt man die Seilschlinge um ein Bein und schwingt sie herum, während man mit dem anderen Bein über die Dose springt.

Für jüngere Kinder
Solange die Koordination noch nicht so gut ist, kann man dieses Spiel auch zu zweit spielen. Erwachsene oder ältere Kinder, die schon gut allein springen können, nehmen ein kleineres Kind an die Seite, damit sie zusammen über die Dose springen können.

Für ältere Kinder
Ältere Kinder können die Herausforderung durch zusätzliche Bedingungen erhöhen, wie z.B. eine Anzahl von Sprüngen schaffen, beim Springen das Bein wechseln oder nur auf dem „schwächeren" Bein hüpfen.

Zehenfarbe

Meine ersten Erfahrungen mit Fingerfarbe machte ich im Kindergarten. Alle Kinder trugen einen Kittel (die meisten ein altes Oberhemd ihres Vaters), und dann ging das Malen los. Bisher hatte ich nur Pinsel und Wasserfarbe gekannt, aber die Fingerfarbe auf großen Papierbögen begeisterte mich. Die Farbe fühlte sich so schön kühl an, und Finger arbeiten nun mal ganz anders als Pinsel.

Dieses Spiel erhöht den Spaß und die sinnliche Erfahrung noch mehr, weil mit den Zehen gemalt wird. Eine ganz neue Art, Farbe zu erleben.

Material

+ Rasierschaum
+ Temperafarbe in verschiedenen Farbtönen
+ Maissirup – 1 TL pro Farbe (nach Belieben)
+ Nasses Handtuch zum Abwischen

TIPP

Die Oberfläche Ihres Basteltischs ist schmutzig? Geben Sie eine große Portion Rasierschaum auf den Tisch und lassen Sie Ihre Kinder damit spielen und herumschmieren. Dabei lösen sich die Reste von Klebstoff und Farbe, und hinterher müssen Sie das Ganze nur noch abwischen.

Pro Farbe brauchen Sie etwa 250 Gramm Rasierschaum. Geben Sie etwas Temperafarbe hinein und vermischen Sie das Ganze. Dann kommt noch ein Teelöffel Maissirup dazu – er verleiht der Farbe einen schönen Glanz.

Die Farben können in Plastikbechern angerührt werden. Danach werden die Becher umgekippt, die Farbe hat eine cremige Konsistenz und verläuft nicht.

Lassen Sie Ihre Kinder mit den nackten Füßen ein Bild malen. Zum Saubermachen, wenn sie fertig sind, genügen ein Eimer Wasser und ein Handtuch.

Für jüngere Kinder

Fangen Sie erst mal mit Fingermalen an. Auch mit dem Pinsel lässt sich diese Farbe gut verarbeiten, das ist auch eine gute Vorübung fürs Schreiben. Wenn Ihre Kinder noch alles in den Mundstecken, mischen Sie die Farben mit Naturjoghurt und Lebensmittelfarbe an.

Für ältere Kinder

Lassen Sie Ihre Kinder mit nach oben gestrecktem Po malen. So können sie ausprobieren, wie man schreibt, ohne sich abzustützen. Außerdem stärkt es die Bauchmuskulatur und übt die Bewegungskontrolle.

Auch für eine Kinderparty mit dem Motto Kunst ist dies eine schöne Aktivität. Legen Sie ein großes Stück Papier aus und beobachten Sie einfach, was für Bilder entstehen.

Stadthäuser aus Holzklötzen

Der Samstagnachmittag gehört bei uns der Familie. Wir haben einen Satz Bauklötze, der irgendwie immer dabei ist, und oft genug übernehmen die Erwachsenen die Regie und bauen Türme, die bis zur Decke reichen. Die Kinder dürfen im unteren Teil helfen, aber wenn der Wolkenkratzer wächst, halten sie sich eher fern. Das ist auch gut so, denn wenn die Decke endlich erreicht ist, zieht irgendjemand einen Klotz ganz unten heraus, und die ganze Konstruktion fällt mit einem Riesenkrach in sich zusammen.

Die Stadthäuser aus Holz passen im Übrigen zu allen anderen Spielsachen. Bei uns entstehen daraus immer neue Städte.

Material

+ Kleine Holzbausteine, doppelt so lang wie breit und hoch
+ Sandpapier
+ Ablösbares Klebeband (Krepp)
+ Weisse Farbe
+ Pinsel
+ Markerstifte

Zunächst werden die Holzbausteine mit Sandpapier abgeschliffen. Mit Kreppband werden dann Fenster auf die Blöcke geklebt.

Malen Sie die „Fenster" weiß an, ziehen Sie das Klebeband ab und lassen Sie sie trocknen. Danach werden mit den Markerstiften die Details aufgemalt.

Damit sind die Stadthäuser auch schon fertig. Jetzt können Sie sie aufeinanderstapeln, um einen Turm zu bauen. Sie können aber auch aneinandergereiht werden, sodass eine Straße für die Spielzeugautos entsteht.

Für jüngere Kinder

Jüngere Kinder können die Steine anmalen, sobald alles abgeklebt ist. Außerdem spielen sie natürlich gern mit den Steinen.

Verwenden Sie auf jeden Fall giftfreie Farbe, weil kleine Kinder gern alles in den Mund stecken.

Für ältere Kinder

Lassen Sie Ihre Kinder die Häuser detaillierter bemalen. Wenn Sie eine Säge haben, können Sie die Dachformen verändern. Und mit verschiedenen Farben entstehen bunte Straßenzüge.

(Kapitel 2)

BASTELSPASS

Beim Basteln mit Kindern geht es ums Tun, nicht um das Ergebnis. Aus dem gemeinsamen Erschaffen entstehen gute Erinnerungen. Das fertige Kunstwerk ist eine Erinnerung an das Erlebnis.

Hollys Tipp: Ich liebe die Schütteltinte (Seite 88), weil ich meine Markerstifte liebe. Und so kann ich sie ganz aufbrauchen.

Rachels Tipp: Die Konservendosenbilder (Seite 78) sind eine wunderbare Beschäftigung für Kinder. Die Bilder sehen immer ein bisschen aus wie von Pollock gemalt. Wir haben einige sogar zu Hause aufgehängt.

Seifenblasendruck

Seifenblasen und Kinder passen perfekt zusammen. Man muss sich gut konzentrieren, um sie zustande zu bringen. Die perfekte Seifenblase ist immer noch etwas größer oder länglicher oder hat eine besonders schöne Farbe oder hält ganz lange. Oder ... eigentlich ist die perfekte Seifenblase immer gerade die, die ich gerade mache.

Hier werden Seifenblasen verwendet, um zu drucken. Sie finden unten unser liebstes Rezept für Seifenblasen und eine gute Möglichkeit, recycelte Wasserflaschen zu verwenden, um einen richtigen Regenbogen zu erschaffen.

- -

Material
(Für eine Seifenblasen„pistole")

+ 9–12 Trinkhalme
+ Gummiband
+ 1 grosser Plastikbecher
+ Papier

Für starke Seifenblasen
(Ergibt etwa 350 ml)

+ 230 ml Wasser
+ 80 ml Geschirrspülmittel (Konzentrat etwas weniger)
+ 3 EL Maissirup
+ 10–15 Tropfen Lebensmittelfarbe

Am besten verrühren Sie die Zutaten, anstatt sie zu schütteln. Über Nacht stehen lassen. Wir haben unser Rezept auf mehrere Gläser (Babynahrung) aufgeteilt und dann mit Lebensmittelfarbe gefärbt.

Binden Sie ein paar Trinkhalme mit Gummiband zusammen. 5–6 Trinkhalme haben für uns am besten funktioniert. Tauchen Sie ein Ende kurz in die Seifenlösung, und blasen Sie jede Menge Seifenblasen.

Halten Sie das Ende der „Pistole" über ein Blatt Papier und warten Sie ab, was passiert, wenn die farbigen Seifenblasen platzen. Trocknen lassen. Das bedruckte Papier können Sie zu Grußkarten zurechtschneiden oder als Geschenkpapier verwenden.

Für jüngere Kinder

Statt Geschirrspülmittel können Sie auch Waschlotion für Babys verwenden, dann brennen die Seifenblasen nicht in den Augen. Jüngere Kinder, die noch durch die Trinkhalme einatmen, statt zu pusten, sollten zunächst weiterhin einen gekauften Seifenblasenring verwenden. Wer will schon den Mund voller Seifenblasen haben.

Für ältere Kinder

Schneiden Sie den Boden einer Wasserflasche ab. Legen Sie ein Spültuch über die Öffnung und befestigen Sie es mit einem Gummiband. Tauchen Sie das Tuch in die Seifenlösung und blasen Sie durch die obere Öffnung der Flasche. So entsteht eine Seifenblasenschlange.

Faltkästchen

Origami ist ganz einfach und wunderbar. Man nimmt ein einfaches Stück Papier, und nach ein paar Faltungen an den richtigen Stellen entsteht ein bewegliches 3-D-Objekt. Da es mir sehr viel Spaß macht, aus dem Nichts Dinge zu erschaffen, fasziniert mich diese Technik immer wieder.

Dieses einfache Faltprojekt ist eine schöne Beschäftigung für verregnete Tage und eine Möglichkeit, Ihren Kindern zu zeigen, wie sehr Sie sie lieben.

Material
(Für ein Kästchen)

+ QUADRATISCHES PAPIER, CA. 20 X 20 CM GROSS
+ MARKERSTIFTE ODER BUNTSTIFTE

Falten Sie die Ecken des Quadrats zur Mitte, sodass ein kleineres Quadrat entsteht.

Drehen Sie das Papier um, sodass die Klappen nach unten zeigen.

Falten Sie die Ecken wieder zur Mitte.

Biegen Sie die Nahtstellen, sodass das Kästchen sich gut bewegen lässt.

Schreiben Sie in jeden Teil des Kästchens etwas Nettes. Auf der oberen großen Fläche könnte ein unvollendeter Satz stehen: „Ich mag es, wenn du ..." oder „Du bringst mich zum Lachen, wenn du ..."

In die kleinen Ecken kommt dann die Ergänzung.

Wenn das Kästchen fertig ist, stecken Sie die Finger in die Ecken und bewegen Sie sie. Das Kind darf entscheiden, welche Richtung ihm am besten gefällt.

Für jüngere Kinder
Erwachsene oder größere Kinder sollten die Faltarbeit erledigen. Die jüngeren Kinder sind dann für die Dekoration zuständig.

Für ältere Kinder
Dies ist auch eine schöne Aktivität, wenn Freunde zum Übernachten kommen. Jedes Kind kann ein Kästchen machen, dann setzen sich alle in einen Kreis, geben die Kästchen weiter und schreiben etwas Nettes hinein.

Puzzle aus Bastelstäbchen

Als Kind versteckte ich unter meinem Bett einen Schuhkarton voller Schätze. Ich sammelte allerlei Kleinkram, den ich entweder gefunden oder von meinem Taschengeld gekauft hatte. Unter diesen Dingen befanden sich ein paar ineinander geschachtelte Papierschachteln, von denen die größte knapp 5 cm groß war. Die innerste dieser Papierschachteln enthielt kleine Miniaturen, entweder eine Teekanne aus Ton, ein kleines Labyrinth mit einer beweglichen Kugel darin, oder etwas anderes.

Dieses Puzzle aus Bastelstäbchen lässt sich handlich aufbewahren, indem Sie einfach ein Gummband herumbinden – perfekt für jede Schatztruhe.

Material
(Für ein Puzzle)

+ 6–8 BREITE BASTELSTÄBCHEN
+ BREITES KREPP- ODER ABDECKBAND
+ MARKER ODER ANDERE STIFTE/FARBEN

Die Bastelstäbchen dicht nebeneinander auf den Tisch legen. Einen Streifen Klebeband draufkleben, damit die Stäbchen zusammenhalten, umdrehen und mit Markerstiften oder Farbe bemalen.

Wenn das Puzzle fertiggemalt ist, das Klebeband entfernen. Die Stäbchen durchmischen. Jetzt geht es darum, das Bild wieder herzustellen.

Für jüngere Kinder
Je einfacher das Bild, desto leichter lässt es sich wieder zusammensetzen. Für Klein- und Vorschulkinder sind einfache geometrische Formen bestens geeignet.

Für ältere Kinder
Wenn beide Seiten mit denselben Farben bemalt werden, erhöht sich der Schwierigkeitsgrad beim Zusammensetzen erheblich. Sie können auch mehrere Puzzles herstellen und sie miteinander vermischen.

TIPP

Legen Sie sich eine Tasche mit stillen Beschäftigungen für die Mittagschlafzeit zu. Schließlich passiert es immer wieder, dass wir zur dümmsten Zeit etwas erledigen müssen – zur Mittagschlafzeit. Solche beruhigenden Aktivitäten sind gut, wenn an einen echten Mittagschlaf nicht zu denken ist. Dieses Puzzle passt in die Tasche, ebenso wie die Zeichenbretter von Seite 13 und die Tütenlabyrinthe von Seite 10.

Kunst in der Badewanne

Es gibt zwei Arten von Menschen auf der Welt: diejenigen, die gerne baden, und die anderen. Ich halte die anderen nicht für Schmutzfinken, aber auf jeden Fall wissen sie den Luxus eines schönen Vollbades nicht zu schätzen. Kinder, die gerne baden, werden dieses Projekt lieben. Und die anderen lassen sich vielleicht bekehren.

Bei diesem Kunstprojekt verwenden wir selbst gemachte Badewannenfarbe, um damit Fliesen zu bemalen.

Material
+ Badewannenfarbe in mehreren Farbtönen (siehe unten)
+ Pinsel
+ Badewanne

SELBST GEMACHTE BADEWANNENFARBE
(Ergibt etwa 350 ml Farbe)
+ 1 mittelgrosse Rührschüssel
+ 60 g Maisstärke (Mondamin)
+ 120 ml kochendes Wasser
+ 230 ml Geschirrspülmittel
+ flüssige Lebensmittelfarbe

Rühren Sie die Maisstärke in das kochende Wasser, bis sie sich auflöst und eine Paste ergibt. Geben Sie das Spülmittel dazu und rühren Sie, bis keine Klümpchen mehr zu finden sind. Die Lebensmittelfarbe zugeben. In einem luftdichten Behälter aufbewahren und vor dem Verwenden gut durchrühren.

Diese Farbe lässt sich sowohl mit dem Pinsel als auch mit den Fingern gut vermalen, ganz wie der Künstler es gern hätte.

Sie lässt sich nach dem Bad einfach abspülen, sodass die ganze Schmiererei im Abfluss verschwindet.

Für jüngere Kinder
Es macht einfach Spaß, in der Badewanne zu malen, ohne ein bestimmtes Bild im Kopf zu haben. Die Kinder können sogar sich selbst anmalen.

Für ältere Kinder
Lassen Sie Ihre Kinder ein ganzes Bild auf die Fliesen malen. Man kann das Bild auch im Vorfeld auf Papier planen.

TIPP
Wenn Sie befürchten, dass Ihr Kind auf das Spülmittel allergisch reagiert, nehmen Sie ein klares Shampoo.

Balletträckchen ohne Nähen und Kleben

Das Beste am Mädchensein ist doch, dass man das Anziehen zur Kunstform erheben kann. Es gibt keinen Grund, in gewöhnlichen Klamotten das Haus zu verlassen, wenn man doch auch Stirnbänder, Balletträckchen und Prinzessinenkleider tragen kann. Kleidung hat nicht nur mit Wärme und Schutz zu tun, sondern ist ein Ausdruck der Persönlichkeit.

Dieses selbst gemachte Balletträckchen ist ein schönes Projekt für alle, die noch nicht nähen können. Nur ein einfacher Knoten und schon sitzt der Rock perfekt.

Material
(Für einen Tutu)

+ Schere
+ Gummiband
+ Stoffe und Bänder, so viel wie möglich
+ Tüllstreifen, 10 cm breit

Das Gummiband auf Taillenweite zuschneiden und verknoten. Es sollte so eng sitzen, dass der Rock nicht wegrutscht, aber weit genug, um ihn bequem an- und ausziehen zu können. Wenn Sie das Gummiband ein wenig länger lassen, kann der Rock mitwachsen.

Stoff- und Bänderstreifen an das Taillengummi knoten. Die Streifen können gleich lang sein, dann sieht der Rock „ordentlicher" aus. Sie können aber auch unterschiedliche Längen haben, dann ist die Form noch freier. So viele Bänder und Streifen anknoten, bis der Rock rundum fertig ist.

Es macht Spaß, die Farben und Materialien im Voraus zu planen oder sich ein Thema zu überlegen. Mit ein paar Glöckchen am unteren Ende der Streifen wird der Rock „musikalisch".

Für jüngere Kinder
Jüngere Kinder schauen gern zu, wie der Rock wächst. Lassen Sie sie aussuchen, welcher Streifen als nächster angeknotet wird.

Für ältere Kinder
Lassen Sie das Kind die Streifen selbst anknoten. Größere Mädchen können mit derselben Technik auch Stirnbänder, Armbänder und Haargummis herstellen.

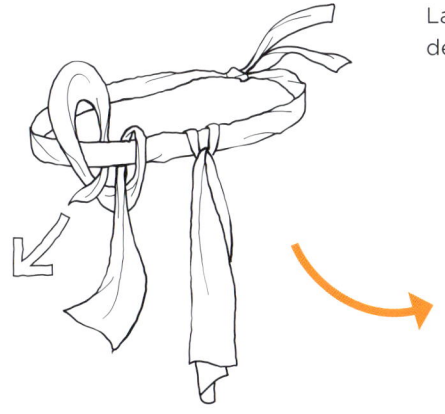

Malen mit Wachsmalstiften und Gelfarbe

Zeichnen und Malen sind oft verschiedene Projekte. Hier verbinden sie sich zu einem herrlich bunten zweistufigen Kunstwerk. Und das Schönste ist: Künstler aller Altersgruppen haben ihre Freude daran. Selbst die Kleinsten können mit dem Wachsmalstift loskritzeln, und mit der selbst gemachten Gelfarbe wird ein Kunstwerk daraus.

Material

+ WEISSES ZEICHENPAPIER
+ HELLE ODER LEUCHTENDE WACHSMALSTIFTE
+ PINSEL ODER SCHWÄMME

FÜR DIE GELFARBE
(Ergibt ca. 60 ml)

+ 4 EL HAARGEL
+ 5–15 TROPFEN LEBENSMITTELFARBE

TIPP

Wir nehmen gern hellere Wachsmalstifte und dunklere Gelfarbe, um einen besonders schönen Effekt zu erzielen.

Sie können das Verhältnis zwischen dem Gel und der Lebensmittelfarbe variieren, um weichere oder stärkere Farbtöne zu erzeugen. Die Farbe ist in einem luftdichten Behälter monatelang haltbar.

Diese Farbe ist ganz leicht herzustellen und genauso leicht wieder wegzuwischen. Selbst angetrocknete Farbe lässt sich leicht auswaschen. Kindergruppen arbeiten sehr gern damit.

Zunächst wird auf einem weißen Blatt Papier mit Wachsmalstiften gezeichnet. Am besten verwendet man mehrere Farben und füllt die Flächen mit kräftigen Strichen. Die Farben sollten sich von der Gelfarbe deutlich unterscheiden. Wenn der Hintergrund dunkel werden soll, müssen die Wachsmalstifte hell sein.

Wenn die Zeichnung fertig ist, wird das Blatt mit Gelfarbe in einem einzigen Farbton überstrichen. Danach wird das Kunstwerk leicht abgetupft, und die Wachsmalstiftzeichnung springt förmlich heraus. Sieht toll aus!

Für jüngere Kinder

Die Gelfarbe ist nicht essbar, die Kinder sollten also nur unter Aufsicht damit malen. Eine essbare Variante erhalten Sie, wenn Sie Gelatine statt Haargel verwenden. Farbe mit Gelatine wird aber nicht so glatt und ist deshalb besser zum Malen mit den Fingern geeignet. Außerdem hält sie sich nicht so lange.

Für ältere Kinder

Erforschen Sie mit Ihren Kindern die Farbtheorie. Die Kinder können Farbkombinationen aufgrund von Komplementärfarben, mithilfe des Farbkreises oder mit dem Ziel eines monochromen Kunstwerks auswählen.

Bemaltes Geschirr

Unsere Kinder haben alle ihre eigenen Becher. Sie genießen es, etwas in der Küche zu haben, das nur ihnen ganz allein gehört. Jedes Kind hat seinen Becher selbst entworfen und bemalt. So fällt das Tischdecken auch viel leichter, und man sieht immer gleich, wer etwas auf dem Küchenschrank hat stehen lassen.

Das Essen macht einfach mehr Spaß mit eigenem Geschirr. Bei diesem Projekt gestalten die Kinder ihren eigenen Becher oder Teller. Diese Stücke werden zu Hause gehütet wie ein Schatz, sie sind aber auch schöne Geschenke für Verwandte und Freunde.

Material

+ Schere
+ Papier
+ Wachsmalstifte oder Marker
+ Durchsichtige Becher oder Teller, backofenfest
+ Alkohol zum Entfetten
+ Ölstifte (Permanent)

TIPP

Wenn Sie weiße Becher oder Teller nehmen, lassen Sie die Kinder den Umriss mit einem Wachsmalstift leicht vorzeichnen. Mit den Ölstiften wird der Umriss dann ausgemalt. Ölfarbe hält nicht auf den Stellen, die mit Wachsmalfarbe bemalt sind.

Das Papier wird etwas kleiner als die Oberfläche des Bechers zugeschnitten. Wir haben ein DIN A4-Blatt zwei Mal gefaltet. Auf diesen Blättern wird die Vorzeichnung gemacht, die dann auf den Becher übertragen wird. So können die Kinder zunächst ausprobieren, was ihnen am besten gefällt.

Die Oberfläche des Bechers wird mit Alkohol entfettet. Schon ein fettiger Fingerabdruck sorgt dafür, dass die Farbe nicht mehr richtig hält.

Das Papier wird innen in den Becher geklebt, dann wird die Zeichnung auf der Außenseite abgepaust und mit Ölstiften ausgemalt. Die Becher müssen über Nacht stehen, damit die Farbe richtig trocknet. Dann kommen sie in den kalten Backofen, der auf 180 °C hochgeheizt wird. Die Becher sollten eine Stunde backen. Den Ofen ausschalten, die Becher langsam abkühlen lassen, bevor sie herausgenommen werden. Wenn die Temperatur zu schnell wechselt, können sie zerspringen.

Für jüngere Kinder

Halten Sie jüngere Kinder von Ölstiften fern, sie lassen sich nur schwer von der Haut entfernen. Besser ist es, wenn ein Erwachsener die Vorzeichnung des Kindes auf den Becher überträgt.

Für ältere Kinder

Ältere Kinder können auch direkt auf die Becher oder Teller malen. Wenn ihnen ein Fehler passiert, ermutigen Sie sie, ihn in das Kunstwerk zu integrieren.

Selbst gemachte Perlen

Diese selbst gemachte Keramikmasse eignet sich bestens für Modellierarbeiten und für die Perlenherstellung. Und das mit Zutaten, die es in jeder Küche gibt. So sparen Sie sich den Weg in die Töpferei.

Material

KERAMIKMASSE
(Ergibt ca. 700 g Keramikmasse)

+ 125 G MAISSTÄRKE (MONDAMIN)
+ 442 G BACKSODA
+ 350 ML WASSER
+ 1 EL WEINSTEIN

FÜR EIN ARMBAND ODER EINE KETTE

+ KERAMIKMASSE
+ ZAHNSTOCHER
+ ACRYLFARBE MIT METALL-EFFEKT
+ STARKER FADEN, 30–45 CM LANG
+ PLASTIKNADEL

TIPP
Gummifaden macht das Tragen von Armband und Kette leichter, ist aber etwas schwieriger aufzufädeln.

Die Zutaten für die Keramikmasse in einem mittelgroßen Kochtopf mischen und unter ständigem Rühren erhitzen. Wenn sich die Masse von den Seiten des Topfs löst, ist sie fertig. Sie sollte die Konsistenz von Teig haben. Am besten verwendet man sie gleich am selben Tag. Sie kann aber auch in einem luftdichten Behälter aufbewahrt und mit etwas Wasser aufgefrischt werden.

Kleine Portionen abnehmen und zu Kugeln rollen. Mit einem Zahnstocher ein Loch in die Mitte bohren. Die fertigen Perlen in der Acrylfarbe wenden und über Nacht trocknen lassen.

Die getrockneten Perlen auffädeln. Den Faden verknoten.

Für jüngere Kinder
Mit einer stumpfen Plastiknadel fällt das Auffädeln leichter.

Für ältere Kinder
Lassen Sie der Kreativität in Sachen Perlengröße, Form und Farbe freien Lauf. So entsteht ein ganz individuelles Schmuckstück.

Selbst gemachte Wachsmalstifte zum Drehen

Wie schön, wenn man in seinem Stiftemäppchen in der Schule etwas vorfindet, das an zu Hause erinnert. Diese Stifte hat wahrscheinlich niemand sonst. Ihre Kinder werden sich jedes Mal freuen und sich an den Spaß erinnern, den sie hatten, als sie diese Stifte hergestellt haben.

Sie brauchen dafür nur leere Hülsen von Klebestiften und alte Wachsmalstifte. Es geht auch mit extra dicken Trinkhalmen. Die sind zwar schwer zu füllen, aber dafür kommt am Ende ein superlanger Stift heraus. Medizinfläschchen eignen sich gut für kleine Kinder, sollten vorher aber gründlich ausgewaschen werden.

Material

+ Leere Hülsen von Klebestiften
+ Klebeband
+ Papier
+ Muffinblech
+ Cupcake-Förmchen aus Papier
+ Alte Wachsmalstifte
+ Eventuell Papier zum Umwickeln der fertigen Stifte

Die Hülsen der Klebestifte mit Wasser und Seife auswaschen und trocknen lassen. Mit Papier bekleben. Unsere Kinder bemalen das Papier vorher noch.

Ein Muffinblech mit Papierförmchen auskleiden. Jedes Förmchen für eine andere Farbe verwenden. Eventuelle Papierreste von den alten Wachsmalstiften entfernen und nach Farben sortiert in die Papierförmchen geben.

Den Backofen auf 180 °C vorheizen. Das Muffinblech für 8–10 Minuten in den Backofen stellen, sodass die Wachsmalstifte schmelzen. Die geschmolzene Farbe in die leeren Klebestift-Hülsen gießen. Abkühlen lassen.

Für jüngere Kinder

Natürlich muss alles, was mit dem Backofen und den heißen, geschmolzenen Wachsmalstiften zu tun hat, von Erwachsenen gemacht werden. Kleine Kinder können die Farben zusammenstellen und die Etiketten gestalten.

Für ältere Kinder

Ältere Kinder können auch verschiedene Farben mischen, die beim Abkühlen leicht bewegt werden und zu einem Farbstrudel werden.

Schablonenmalerei auf Stoff

Zu Weihnachten hatte ich Kissenbezüge für die gesamte Verwandtschaft bemalt. Die Kissenbezüge wurden über ein Stück Karton gezogen und mithilfe von Schablonen bemalt. Dann stellte ich sie zum Trocknen an die Wand. In dem Moment kam die Nachbarskatze vorbei, ging an der Wand entlang und zog einmal mit dem Schwanz über meine Kunstwerke, während ich mit spitzem Schrei hinter ihr herlief und anfing, neue Geschenke zu planen.

Also: Schmeißen Sie die Katze raus, wenn Sie Kissenbezüge, T-Shirts, Geschirrtücher, Einkaufstaschen oder sonstwas bemalen! Die Möglichkeiten sind endlos. Mit „Freezer Paper" aus dem Patchworkladen oder mit Backpapier können Ihre Kinder tolle Schablonen herstellen.

Material
+ STIFT
+ FREEZER PAPER ODER BACK-PAPIER
+ SCHERE
+ KARTON
+ T-SHIRT, KISSENBEZUG ODER ANDERE DINGE AUS STOFF
+ STOFFFARBE UND PINSEL

TIPP
Es muss nicht immer Geschenkpapier sein. Wickeln Sie Ihre Geschenke doch mal in einen bemalten Kissenbezug ein!

Die gewünschte Form aufs Papier zeichnen und ausschneiden. Je einfacher die Form, desto besser das Ergebnis. Aus dem Karton eine Unterlage zuschneiden, die unter die oberste Stoffschicht gelegt wird.

Die Schablone auf den Stoff legen und mit Stofffarbe grob umranden. Die Farbe etwas antrocknen lassen, bevor die Schablone entfernt wird. So kann nichts durchsickern oder tropfen. Die Schablone abziehen und staunen.

Wenn Sie einen Kissenbezug gestalten, können Sie Stofffarbe nehmen, die im Dunkeln leuchtet. Kinder finden solche Kissen natürlich besonders schön.

Für jüngere Kinder
Lassen Sie das Kind die Form aussuchen, die ein Erwachsener oder ein älteres Kind dann ausschneidet. Jüngere Kinder können beim Malen und Abziehen nach dem Trocknen helfen.

Das Malen mit flüssiger Stofffarbe aus der Plastikflasche ist ein gutes Training für die Feinmotorik. Suchen Sie Flaschen aus, die gut in der Hand liegen.

Für ältere Kinder
Ältere Kinder können einfach drauflosmalen. Vielleicht macht es ihnen Spaß Kopfkissen für die nächste Übernachtungsparty zu gestalten oder dem besten Freund/der besten Freundin ein Freundschaftskissen zu schenken.

Selbst gemachte Farbe für Masken

Eines meiner Kinder lief acht Monate lang als blaue Actionfigur verkleidet herum. Jeden Morgen zog mein Sohn blaue Kleider an – nie etwas anderes – und dann das Kostüm darüber. Die Maske war eine Plastikscheibe mit Gummiband, die er normalerweise auf den Kopf schob, um sie bei Bedarf bei irgendwelchen Superheldenaktionen vors Gesicht zu ziehen.

Manche Kinder brauchen es einfach, sich zu verkleiden. Sie entwickeln damit ihre Persönlichkeit. Ich kann beschwören, dass ich das Actionkostüm seit Jahren nicht mehr gesehen habe, obwohl der junge Mann immer noch gern Blau trägt.

Bei diesem Spiel werden Schachteln von Frühstücksflocken zu Masken gestaltet. Die selbst gemachte Farbe folgt einem Rezept der alten Meister.

Material
(Für eine Maske)

+ Kreidereste, z.B. von Strassenkreide
+ Schüssel
+ TK-Beutel mit Zip-Lock
+ Hammer
+ 1–2 Eigelbe
+ Schere
+ 1 grosse Schachtel Frühstücksflocken (wir haben 4 verschiedene Grössen verwendet)
+ Lineal
+ Pinsel

Die Kreidereste ein paar Minuten in Wasser einweichen. Nach Farben sortiert in Zip-Lock-Beutel geben und mit einem Hammer zu Pulver zerstoßen. Das Pulver mit Eigelb mischen, bis er die Konsistenz von dicker Farbe hat. Die Hände gründlich waschen. Da diese Farbe rohes Ei enthält, kann man sie nicht aufbewahren.

Die Schachtel mithilfe einer runden Form zu einem großen Kreis schneiden. Den Abstand zwischen den Augen des Kindes messen. Augenlöcher in die Maske schneiden. Mit kleinen runden Formen Augen ausschneiden, mit einer größeren Form die Rundung der Unterlippe. Die nicht bedruckte Seite der Maske bemalen und gestalten.

Für jüngere Kinder
Statt der selbst gemachten Eifarbe Fingerfarbe verwenden. Wenn Sie keine Fingerfarbe haben oder Ihr Kind noch alles in den Mund steckt, nehmen Sie Vanillepudding, den Sie mit Lebensmittelfarbe einfärben.

Für ältere Kinder
Lassen Sie die Kinder erzählen, was für eine Persönlichkeit sie darstellen wollen. Dann sollen sie aufgrund dieser Beschreibung die Maske gestalten.

Selbst gemachte Straßenkreide

Die Welt – zumindest unsere Garageneinfahrt – ist unsere Leinwand. Unsere Kinder lieben es, auf dem Boden die Umrisse ihres eigenen Körpers nachzuzeichnen und immer wieder neue Hüpfkästchen oder Labyrinthe zu zeichnen. Die beste Kreide ist dabei die selbst gemachte. Die Jüngsten finden die dicken Stücke besonders gut. Selbst gemachte Kreide kann nach Farbe und Farbintensität den persönlichen Vorlieben angepasst werden. Wir finden, je leuchtender, desto besser.

Hier stellen wir die Kreide von Anfang bis zum Ende selbst her. Machen Sie gleich genug davon, Ihre Kinder werden sie gern verschenken.

Material

+ WEGWERFSCHÜSSELN UND –LÖFFEL ODER HOLZSTÖCKCHEN ZUM MISCHEN
+ 65 G MAISSTÄRKE (MONDAMIN)
+ WASSER
+ 450 G GIPS
+ TEMPERAFARBE IN VERSCHIEDENEN FARBTÖNEN
+ LEERE ROLLEN VOM TOILETTENPAPIER
+ BACKPAPIER
+ GUMMIBÄNDER

WARNUNG:

Den unverarbeiteten Gips nicht mit bloßen Händen anfassen, er kann Verbrennungen verursachen. Nicht verwendeten Gips werfen Sie lieber weg. Die Behälter sollten nicht ausgewaschen werden, weil sich der Gips in den Abflussleitungen verfestigen kann.

Verwenden Sie Wegwerfschüsseln und –löffel, wenn Sie mit Gips arbeiten. Er verstopft sonst die Abflussrohre. Kleine Kinder sollten beim ersten Schritt nicht mitmachen. Und am besten gehen Sie nach draußen, wenn Sie die Kreide herstellen.

Stärke und Wasser mischen, dann den Gips langsam dazugeben und ständig rühren. Die Mischung nimmt die Konsistenz von Pfannkuchenteig an. In kleinere Schüsseln aufteilen, einfärben und gut vermischen.

Die leeren Papprollen mit Backpapier auskleiden und auch Backpapier darunterlegen. Die Farbmischung in die Papprollen löffeln. Wenn die Papprollen mit einem Gummiband zusammengefasst werden, bleiben sie besser stehen.

Die Kreiden 24–48 Stunden durchtrocknen lassen, bevor die Papprollen entfernt werden und der Malspaß beginnen kann.

Für jüngere Kinder

Jüngere Kinder können über die Farben bestimmen und überall mithelfen, wo Hilfe gebraucht wird.

Für ältere Kinder

Ältere Kinder können versuchen, die Farbe schichtweise in die Papprollen zu füllen, um Regenbogenkreiden herzustellen. Ihre Kinder werden sich freuen, wenn der Stift beim Zeichnen die Farbe wechselt!

Fußballkunst

Einer der Gründe, warum wir uns so viele Gedanken über Aktivitäten mit unseren Kindern machen: Es gibt keine Entschuldigung, nicht zu spielen. Spielen kostet nichts und braucht keine besondere Ausrüstung. Spielen kann man mit allem. Kinder wissen das seit Anbeginn der Zeit. Aber die Erwachsenen neigen dazu, das zu vergessen.

Das Fußballspiel mit leeren Konservendosen ist ein Beweis. Wir spielen mit dem, was gerade da ist. In diesem Fall entsteht auch noch ein Kunstwerk daraus.

Material
(Für eine Dose)

+ Schere
+ Ein paar Blatt Papier
+ 1 grosse, leere, saubere Blechdose mit Deckel (z.B. von vakuumverpacktem Espresso)
+ 2–3 Farben
+ 3–4 Glasmurmeln verschiedener Grösse
+ Klebeband

TIPP

Wenn Kinder unterschiedlichen Alters zusammen spielen, ist es möglicherweise ratsam, eine „Einfrierphase" pro Runde einzubauen, die das jüngere Kind ausrufen darf. In dieser Phase muss das ältere Kind „einfrieren" und darf sich nicht bewegen, während das jüngere Kind endlich an die Dose herankommt.

Das Papier so zuschneiden, dass es etwas kürzer ist als die Höhe der Blechdose. Dann die gesamte Innenseite der Dose mit dem Papier auskleiden. Farbe in die Dose spritzen, die Glasmurmeln hineingeben und den Deckel mit Klebeband sichern.

Jetzt wird mit der Dose Fußball gespielt.

Am besten funktioniert diese Technik mit zwei Farben, die eine schöne Mischung ergeben. Wenn Sie zu viele Farben verwenden, sieht das Ergebnis eher grau oder braun aus.

Zielschießen

Ein Kind bekommt die Dose und versucht, sie von einem Ziel fernzuhalten. Die anderen Spieler versuchen die Dose zu ergattern und zu dem Ziel zu treffen. Wenn die Dose im Ziel landet, wird das Papier entfernt und ein neues Bild gestartet. Der Zielschütze darf die Farben auswählen.

Dosenfußball

Modifizieren Sie die traditionellen Fußballregeln je nach Alter der Kinder. Kopfball ist übrigens nicht erlaubt. Nach jedem Tor beginnt ein neues Bild.

Für jüngere Kinder

Für die Jüngsten kann schon der wunderbare Klang der Glasmurmeln in der Dose unterhaltsam sein. Wenn sie mit der Dose spielen wollen, entwickeln Sie eigene Regeln für dieses Spiel, vielleicht geht es besser, wenn die Kinder die Dose aufheben und werfen. Achten Sie darauf, dass kein Kind getreten wird.

Für ältere Kinder

Wenn die meisten Spielteilnehmer älter sind, reicht eine Glasmurmel in der Dose. Ältere Kinder werden die Dose häufiger treten, bis die Runde endet. Mit nur einer Murmel entstehen oft die schöneren Bilder.

Papierspiele

„Käsekästchen" (ein Spiel, bei dem es darum geht, um die Wette Quadrate zu schließen) lernte ich als Kindergartenkind im Bus während eines Ausflugs kennen. Die Fahrt verging wie im Flug. Bis heute finde ich es faszinierend, dass einige wenige Striche eine ganze Kettenreaktion auslösen können.

Trotz aller Video- und iPad-Spiele bieten traditionelle Spiele auf Papier einen zeitlosen Unterhaltungswert. Hier zeigen wir Ihnen, wie Sie eine Mappe basteln können, um verschiedene Papierspiele aufzubewahren.

Material
(Für eine Spieleset

+ SCHERE
+ 3–4 BUTTERBROTTÜTEN
+ LOCHER
+ GARN
+ KOPIER– ODER ZEICHENPAPIER
+ MARKER/WACHSMALSTIFTE/ FARBE

TIPP
Wenn Sie die Einsätze laminieren und mit abwischbaren Markerstiften spielen, bleibt das Vergnügen lange erhalten.

Den Boden der Papiertüten abschneiden, sodass eine Hülle entsteht. Die Tüte auf die Hälfte falten. Für jedes Spiel wiederholen.

Die Tüten aufeinanderstapeln, sodass die gefalteten Seiten genau übereinander liegen wie bei einem Heft. Sechs Löcher in gleichem Abstand in die gefaltete Seite stanzen. Garn hindurchfädeln und verknoten.

Auf dieses Weise entsteht ein Buch mit Hüllen für die Papierspiele. Die Blätter so zuschneiden, dass sie gut in die Hüllen passen, und das Spielfeld für das jeweilige Spiel vorzeichnen.

Einige Spiele, die uns besonders gut gefallen:

• Galgenmännchen

• Tic-tac-toe

• Käsekästchen

• Mal das Bild zu Ende

Für jüngere Kinder
Füllen Sie die Hüllen mit Ausmalbögen und leeren Blättern zum Bekritzeln.

Für ältere Kinder
Ältere Kinder können das Buch selbst gestalten und entscheiden, welche Spiele sie drin haben möchten. Sie können auch leere Blätter für Origami-Projekte mitsamt Faltanleitung hineingeben.

Stäbchenfiguren

Wenn ich ein Buch lese, sehe ich die Figuren meistens lebendig vor mir. Deshalb ist es oft so enttäuschend, Buchverfilmungen anzusehen. Die Leute und Orte sehen einfach nicht richtig aus.

Lassen Sie Ihre Kinder die Lieblingsfiguren aus Büchern auf Stäbchen malen. So entstehen nicht nur schöne Lesezeichen, die Figuren sind auch zum Spielen und Raten geeignet.

Material
+ BASTELSTÄBCHEN, 1 PRO BUCH-FIGUR
+ STIFTE

TIPP
Lassen Sie Ihre Kinder eine Lieblingsgeschichte nacherzählen und die Stäbchenpuppen dazu verwenden. Das trainiert ihr Leseverständnis und ihr Gedächtnis für Erzählungen, selbst wenn sie noch nicht selbst lesen können.

Die Bastelstäbchen werden mit den Stiften bemalt, sodass sie die Lieblingsfiguren aus dem Buch abbilden. Die Darstellung kann so einfach oder kompliziert sein, wie es der Phantasie des Kindes entspricht.

Für jüngere Kinder
Jüngere Kinder können Bilder aus Zeitschriften oder Malbüchern ausschneiden und die Gesichter oder die ganzen Figuren auf die Stäbchen kleben.

Für ältere Kinder
Lassen Sie sie sämtliche Figuren aus einem Buch – auch die Nebenfiguren – gestalten und Teile des Buchs nachspielen. Das aufgeklappte Buch kann dabei als Bühne dienen. Mit einer Gruppe von Kindern können Sie Ratespiele spielen, indem eine Stäbchenfigur ohne hinzusehen vom Stapel genommen und vor die Stirn gehalten wird. Die anderen Kinder am Tisch geben Hinweise, bis die Figur erraten wird.

Ein Upcycling-Webstuhl

Vor etwa anderthalb Jahren haben wir einige Zeit in Äthiopien verbracht, wo wir unsere Söhne adoptierten. Ich erinnere mich an eine Familie, die aus Wolle wunderschöne Hüte webte. Dieses Projekt ist von den fleißigen Handwerkern dort inspiriert. Für diese einfache Aktivität kann man auch Styroporbehälter nehmen, wie etwa Pizzalieferanten sie verwenden.

Material

+ SCHERE
+ RECHTECKIGER STYROPOR-
  BEHÄLTER
+ GARNRESTE
+ KLEBEBAND

TIPP

Mit Projekten wie diesen lernen Vorschulkinder geometrische Muster kennen und entwickeln ihre Feinmotorik.

Den Deckel des Styroporbehälters abschneiden. Den unteren Teil mit Garn umwickeln, dabei 0,5 cm Abstand zwischen den Fäden lassen. Wenn die gewünschte Breite erreicht ist, das Ende des Garns mit Klebeband an der Unterseite des „Webstuhls" befestigen. Dann die gesamte Breite der Wickelung mit Klebeband sichern.

Einen längeren Faden abschneiden und ein Ende mit etwas Klebeband umwickeln. Mit dieser Spitze fällt das Weben leichter. Mit diesem Faden über und unter den gespannten Fäden auf dem Webstuhl hindurchfahren. Jetzt können verschiedene Farben und Muster eingesetzt werden, um eine einzigartige bunte Kreation herzustellen.

Für jüngere Kinder

Die gespannten Fäden weiter auseinander anbringen und mit dickerem Garn arbeiten. Die Farbe der gespannten Fäden und die Farbe des Webfadens sollten unterschiedlich sein, damit das Kind den Vorgang besser beobachten kann.

Für ältere Kinder

Ältere Kinder können kompliziertere Muster entwickeln und den Webstuhl auf ganz unterschiedliche Weise benutzen. Die fertigen Stücke können zu Schals, Kissenbezügen und vielen anderen Dingen zusammengenäht werden.

Stempeln mit Toilettenpapierrollen

Kinder schenken gerne, aber haben oft nicht die Mittel und Möglichkeit dazu. Dieses Projekt löst das Problem. Mit seiner Hilfe können Kinder bei fast allen Geschenken mitmachen, indem sie die Verpackung gestalten. So werden Sie ein Geschenketeam.

Mit recycelten Dingen aus dem Haushalt werden hier Stempel hergestellt, sodass jeder sein ganz persönliches Geschenkpapier erhält.

Material
(Für einen Rollstempel)

+ Selbstklebendes Moosgummi
+ Schere
+ Leere Papprolle vom Toilettenpapier
+ Farbe
+ Zeitungspapier zum Unterlegen
+ Papiertüten

TIPP
Wenn Ihr Geschenk nicht in eine Tüte passt, entsteht aus einfachem weißem oder braunem Packpapier das richtige Geschenkpapier.

Das Moosgummi in die gewünschte Form schneiden, am besten wirken einfache geometrische Formen. Die Schutzfolie abziehen und auf die Papprolle kleben. Mehrere Reihen mit derselben Form sehen sehr gut aus.

Eine dünne Farbschicht auf das Zeitungspapier geben und den Rollstempel darin rollen, bis das Moosgummi Farbe angenommen hat. Den Stempel auf die Tüte setzen und darüberrollen. Trocknen lassen und auf der anderen Seite wiederholen.

Für jüngere Kinder
Mit Fingerfarbe können jüngere Kinder eigene Akzente auf den Druck setzen oder mit ihrem Handabdruck ganz eigene Tüten gestalten. Die Farbreste sind schnell wieder entfernt.

Für ältere Kinder
Ältere Kinder können mehrere verschiedene Muster auf die Rolle kleben und die Farbe mit einem Pinsel auf dem Moosgummi verteilen, sodass der Druck präziser wird.

Spritzmalerei mit Gummibändern

An einem langweiligen Nachmittag, wenn Ihre Kinder überhaupt nicht wissen, was sie tun sollen, lässt sich die trübe Stimmung am besten vertreiben, indem man sich richtig vollkleckert. Die meisten Kinder freuen sich, wenn sie sich vollkleckern können. Das muss daran liegen, dass man das Gefühl hat, ganz in seiner Tätigkeit aufzugehen, wenn die Farbe nur so spritzt. Selbst Kinder, die sich nicht gern schmutzig machen, haben ihren Spaß dabei. Und damit es nicht allzu sehr ausartet, haben wir unten einige Tipps für Sie.

Durch das Verspritzen der Farbe mit Gummibändern entsteht ein modernes Kunstwerk.

Material

+ ZEICHENPAPIER, ZUGESCHNITTEN AUF DIE GRÖSSE DER SCHACHTEL
+ SCHACHTEL ODER PLASTIKBEHÄLTER
+ 3–5 GUMMIBÄNDER
+ TEMPERAFARBE IN 2–3 FARBTÖNEN
+ PINSEL

TIPPS

Die Kinder sollten bei diesem Spiel alte Kleidung oder Malkittel tragen. Wenn Sie drinnen spielen, legen Sie ein Tuch zum Abwischen bereit. Oder planen Sie danach gleich ein Bad ein.

Wenn Sie auf Schmutz verzichten wollen oder müssen, können Ihre Kinder mit dem gleichen Material (ohne die Farbe) auch ein Musikinstrument herstellen und sich an den entstehenden Klängen erfreuen.

Ein Stück Papier in der richtigen Größe auf den Boden der Schachtel oder des Plastikbehälters legen. Die Gummibänder darüber spannen und mit verschiedenen Farben einfärben.

An den Gummibändern ziehen und schnippen, sodass die Farbe auf das Papier spritzt.

Für jüngere Kinder

Benutzen Sie essbare Farbe. So können Kinder, die gern die Finger in den Mund stecken, auch daran teilhaben.

Für ältere Kinder

Ältere Kinder können das Ergebnis besser planen, indem sie die Farben und die Gummibänder gezielt einsetzen.

Schütteltinte

Ich liebe Markerstifte. Die Farben sind so leuchtend und die Linien so klar. Doch leider verlieren sie diese Eigenschaften mit der Zeit, und es ist immer wieder eine große Enttäuschung, wenn man einen Stift aufmacht, der nichts mehr hergibt. Dieses Spiel verbraucht Stifte, die nicht mehr richtig malen, um eine Tinte herzustellen, mit der man wahre Meisterwerke herstellen kann.

Material

+ LEERE, SAUBERE KLEINE SCHRAUBGLÄSER ALTE, AUSGETROCKNETE MARKERSTIFTE – CA. 5 FÜR JEDE FARBE
+ PUTZALKOHOL
+ BACKBLECH
+ MEHRERE SPRITZEN ODER TROPFPIPETTEN
+ PAPIER

Jede Farbe bekommt ihr eigenes Schraubglas. Die alten Marker öffnen und das bunte Innere in das Schraubglas geben. Wenn alle Marker verteilt sind, Putzalkohol darübergießen, sodass sie bedeckt sind. Die Gläser zuschrauben und schütteln. Über Nacht stehen lassen, damit die Tinte sich ganz löst.

Das Backblech mit Wasser füllen und das Papier durchziehen, um es zu befeuchten. Das Wasser kann später noch zum Aufwischen verwendet werden.

Eine Spritze oder eine Tropfpipette mit Tinte füllen und die Farbe auf das feuchte Papier tropfen. Die Tropfen fangen klein an und breiten sich dann immer weiter aus.

Für jüngere Kinder

Wenn Ihre Kinder mit Spritzen oder Tropfpipetten noch nicht zurechtkommen, geht es auch mit einer Gummispritze.

Für ältere Kinder

Ältere Kinder können auch neue Farben herstellen, indem sie die Marker mischen. Und was passiert, wenn die Tropfen auf trockenes Papier kommen?

TIPPS

Die Benutzung einer Tropfpipette fördert die Feinmotorik und bereitet kleine Hände auf das Schreiben und das Aufheben kleiner Gegenstände vor. So lernen Vorschulkinder leichter den Umgang mit Stiften. Und ältere Kinder lernen, ihre Bewegungen besser zu koordinieren.

Suchen Sie nach einem witzigen, originellen Geschenk? Dann arbeiten Sie statt mit Papier mit Keramikfliesen und lassen Sie Ihre Kinder Untersetzer für Verwandte und Freunde gestalten. Kleben Sie etwas Filz unter die Fliesen und fertig ist der Untersetzer.

Blüten aus Schrumpfbechern

Als Kind war ich von Bildern aus Schrumpffolie total fasziniert. Da ich sie mir aber oft nicht leisten konnte, verlegte ich mich darauf, dünne Plastikfolie zu bemalen und im Backofen zu backen, sodass wie durch Zauberhand z.B. eine Schlüsselkette entstand. Einfach toll.

Diese Blüten entstehen auf ähnliche Weise, nur dass hier durchsichtige Plastikbecher bemalt werden. Und die gute Nachricht ist, dass das Taschengeld geschont wird.

Material
+ Durchsichtige Plastikbecher
+ Bunte Permanent-Marker
+ Schere
+ Backpapier und Backofen (Hier wird ein Erwachsener benötigt)

Die Plastikbecher bunt bemalen, mit der Schere den Rand im Abstand von 2,5 cm bis unten einschneiden. Den Boden intakt lassen.

Die Becher auf das Backpapier stellen, den Ofen auf 180 °C vorheizen. Die Becher für 1 Minute in den Ofen stellen und ständig beobachten, damit sie nicht ganz zusammenschmelzen.

Herausnehmen und abkühlen lassen, bevor man die Blüten berührt.

Mit größeren Bechern und einem weniger tiefen Einschnitt entsteht eine Blumenvase.

Für jüngere Kinder
Jüngere Kinder können die Becher bemalen, das Schneiden und Backen sollte älteren Kindern und Erwachsenen überlassen werden.

Für ältere Kinder
Ältere Kinder können durch vielfache Versuche das Ergebnis besser planen. Durch gezielte Einschnitte und Farben können auch die Blütenformen beeinflusst werden.

Überraschungsseife

Das Überraschungsei und die Figuren in Cornflakes-Packungen zeigen, wie man Kinder begeistert. Man muss nur eine kleine Überraschung in der Packung verstecken und schon verschlingen die Kinder gesundes Essen, um an den Schatz zu kommen. Bei uns gibt es die Regel, dass die Überraschung nicht herausgegraben werden darf, sondern von alleine auftauchen muss. In einigen Fällen hat dies dazu geführt, dass wir eine ganze Woche Müsli gegessen haben, ohne die Belohnung zu erhalten. Das kann schon mal richtig hart sein.

Das liegt gar nicht daran, dass die Überraschung so toll wäre. Es geht um die freudige Erwartung. Hier wird aus der Wartezeit nun Waschzeit. Kleine Geheimnisse, die sich in einem Stück Seife verstecken, tauchen erst auf, wenn die Seife weggewaschen ist. Eine echte Win-Win-Situation für Eltern und Kinder.

Material
(Für 5 Überraschungsseifen)

+ Küchenreibe
+ 2 Seifenstücke
+ 2 Schüsseln
+ Lebensmittelfarbe
+ Mikrowellenschüssel
+ Mikrowelle
+ Löffel
+ Kleine Überraschungsfiguren

Mit der groben Seite der Reibe die Seifenstücke in eine Schüssel reiben. In einer zweiten Schüssel die Hälfte der Seife mit Lebensmittelfarbe einfärben. Je eine Handvoll von der farbigen und der ungefärbten Seife in die Mikrowellenschüssel geben. Einen Esslöffel Wasser zugeben und auf höchster Stufe in der Mikrowelle 10 Sekunden erhitzen. Aus der Mikrowelle nehmen und verrühren. Wenn die Seife formbar ist, weiterarbeiten. Wenn nicht, noch etwas mehr Wasser zugeben und noch einmal für 10 Sekunden in die Mikrowelle geben.

Die Überraschungsfigur in die Seife einbetten, sodass sie ganz verschwindet. Die Seife zu einem Stück oder einer Kugel formen und über Nacht trocknen lassen.

Für jüngere Kinder

Geben Sie Ihrem Kind einen Löffel, die meisten Kinder rühren für ihr Leben gern. Die geriebenen Seifenstücke kann man nicht zu viel oder zu wenig reiben. Wenn das Ganze auf dem Küchenboden geschieht, fällt mit Sicherheit etwas auf den Boden. Ihre Kinder können die Seifenreste mit den Socken aufwischen, wenn die Aktion beendet ist.

Für ältere Kinder

Wenn die Seifenmasse in größere Ausstechförmchen gegeben wird, entstehen schöne Formen. Eine Überraschungsseife ist auch ein schönes Geschenk für Geschwister oder Freunde.

Solarkunst mit Wachsmalstiften

Irgendwann kommt jeden Sommer der Moment, wenn Kinder sagen, es sei draußen zu heiß zum Spielen. Bei uns in Texas kann das schon im April passieren. Ich sage ihnen dann meistens, sie sollen sich daran gewöhnen, denn es geht noch einige Monate so weiter.

Dieses Spiel sollten Sie sich auf jeden Fall für den Moment aufheben, da die Kinder sich über die Hitze beschweren. Den Kindern zu zeigen, wie sie die Sonne zu ihrem eigenen Vergnügen einsetzen können, wirkt besser als jede Ermahnung.

Material
+ Schuhschachtel
+ Alufolie
+ Alte Wachsmalstifte
+ Dicke Pappstücke

Die Schachtel mit Alufolie auskleiden und in die Sonne stellen.

Eventuelle Papierreste von den Wachsmalstiften entfernen, die Stifte nach Wunsch in Stücke brechen und auf den Pappstücken verteilen. Die Pappstücke in die Solarbox legen. Die Wachsmalstifte schmelzen und sickern in die Pappstücke ein.

Je nach Wetter sollten die Wachsmalstifte nach etwa einer halben Stunde geschmolzen sein. Wenn die Sonne nicht stark genug ist, geht es auch mithilfe des Backofens. Damit es keine Flecken gibt, sollten Sie Backpapier unterlegen. Die Temperatur auf 80 °C einstellen.

Für jüngere Kinder
Achtung, die geschmolzenen Wachsstücke sind heiß. Und sie machen Flecken, planen Sie also entsprechend.

Für ältere Kinder
Ältere Kinder können mit dem Solarofen experimentieren, verschiedene Tageszeiten ausprobieren und mitstoppen, wie lange es dauert, bis die Wachsmalstifte schmelzen. Geht es bei einigen Farben schneller als bei anderen?

Geschichten-Folien

Geschichtenerzählen ist eine wichtige Form der Kommunikation. Kinder lernen es, indem sie ihre eigenen Geschichten wiedergeben, Bilderbücher basteln und malen. Bei diesem Projekt wird auf durchsichtigen Foliendeckeln gemalt, die übereinandergelegt werden können, sodass die Geschichte mehrere Dimensionen bekommt.

Material

+ Durchsichtige Plastikbehälter oder Deckel
+ Schere
+ Klebeband oder Klebstoff
+ Bastelstäbchen
+ Weisses Zeichenpapier für den Hintergrund
+ Permanentmarker

Bei durchsichtigen Take-away-Behältern das Scharnier durchschneiden, sodass zwei Teile entstehen. Ein Set aus gleich großen Plastikteilen herstellen.

Zeigen Sie den Kindern, wie man mehrere Schichten übereinander legt, sodass jede Folie nur einen Teil der Geschichte zeigen muss. Fangen Sie mit der Kulisse an. Sie kann auf die erste Folie gemalt werden.

Auf die nächste Folie kommt eine Figur aus der Geschichte, auf eine weitere die nächste Figur und so weiter. Die letzte Folie zeigt das Ende der Geschichte.

Die Bastelstäbchen an den unteren Rand der Folien kleben und durchnummerieren.

Aus Papier einen Theaterhintergrund gestalten. Jetzt kann das Kind seine Geschichte mithilfe der Folien erzählen. Weitere Herausforderungen: die Geschichte eines anderen Kindes nacherzählen oder mithilfe der gleichen Folien eine andere Geschichte ausdenken.

Für jüngere Kinder

Lassen Sie Ihr Kind eine Geschichte erzählen und helfen Sie beim Malen. Stellen Sie Fragen, damit Sie alle Details erfahren.

Für ältere Kinder

Allmählich können die Geschichten länger werden und die Folien mehr. Ältere Kinder lernen nicht nur das Erzählen, sondern auch das Zeichnen. Sie müssen Details auf den einzelnen Folien planen, damit man sie auf den übereinandergelegten Folien noch sieht. Das ist selbst für ältere Kinder eine Herausforderung.

Reliefs aus Alufolie

Meine Kinder durften ihre ersten Erfahrungen mit Reliefs in der Kirche machen, wo sie mit Bleistift und Papier „rubbeln" durften. Wenn wir im Gottesdienst sind, gebe ich ihnen oft Bleistift und Papier, damit sie den geprägten Umschlag des Gesangbuchs abpausen können.

Hier arbeiten wir mit schlichten Haushaltsgegenständen und stellen Reliefs her. Mit etwas Garn und Farbe kann aus einem Stück Alufolie etwas richtig Cooles entstehen.

Material

+ Selbstklebendes Garn oder Garn plus Klebstoff
+ Pappe
+ Kräftige Alufolie
+ Ablösbares Klebeband
+ Sprühfarbe
+ Grober Spülschwamm

TIPP

Sie haben Reste von Alufolie übrig? Vielleicht haben Ihre Kinder Lust, daraus Kugeln zu machen. Die meisten Kinder lieben das Gefühl, wenn die Folie knittert.

Mit dem Garn und Klebstoff auf der Pappe Formen gestalten. Wir haben mit geometrischen Formen gearbeitet, aber die Möglichkeiten sind endlos.

Das Garn gut andrücken, damit es sich nicht mehr bewegt.

Das Garn mit Folie bedecken. Die Folie an die Rückseite der Pappe kleben.

Über die Folie reiben, sodass sich das Garn durchdrückt.

Nach draußen gehen und mit Spühfarbe einsprühen.

Die Farbe ganz trocknen lassen und das Relief dann mit dem Spülschwamm abtupfen. So verschwindet die Farbe an den erhöhten Stellen und das Muster wird sichtbar.

Für jüngere Kinder
Helfen Sie Ihrem Kind bei allen Schritten. Das Sprühen mit der Sprühfarbe müssen Sie selbst übernehmen oder weglassen.

Für ältere Kinder
Ermuntern Sie Ihre Kinder, eine Serie von Reliefs herzustellen, die nebeneinander hängen können.

Geheimcode-Maschine aus Toilettenpapierrollen

Warum sollte man eine einfache Botschaft verschicken, wenn man sie ebenso gut auch codieren und als Geheimbotschaft versenden kann? Kinder wissen ganz genau, dass jede Botschaft spannender wird, wenn man sie verschlüsselt und wieder entschlüsseln muss. Methoden dafür gibt es viele. Es sollte für den Empfänger nicht zu schwierig sein, aber auch nicht zu einfach, falls die Botschaft in die falschen Hände gerät. Eine solche Maschine aus einer Toilettenpapierrolle ist die perfekte Lösung. Mit ihrer Hilfe lässt sich der Code ganz leicht entschlüsseln – aber nur vom rechtmäßigen Empfänger.

Material
(Für eine Maschine)

+ Schere
+ Papier
+ Leere Toilettenpapierrolle
+ Markerstift
+ Klebeband

TIPP

Geheimcodes sind ein gutes Lese- und Schreibtraining. Die Kinder begeistern sich meistens so sehr dafür, dass sie nicht mal merken, wie viel sie dabei lernen.

Ein Stück Papier so zuschneiden, dass es gut um die Toilettenpapierrolle passt und noch 0,5 cm überlappt. Den Streifen dann halbieren. Auf jede Hälfte am Rand die Buchstaben des Alphabets schreiben, dazwischen gleichmäßige Abstände lassen. Auf dem einen Stück stehen die Buchstaben an der rechten Seite, auf dem anderen auf der linken.

Die Enden zusammenkleben, sodass der Papierstreifen auf die Toilettenpapier-rolle passt. Beide Papierstreifen so zusammenkleben und auf die Rolle streifen, sodass sie sich drehen können.

Die Streifen so drehen, dass die Buchstaben übereinander stehen. Dann die Buchstabenposition für den Empfänger notieren, z.B. G = I oder H = J. Die Streifen so lassen und die verschlüsselte Botschaft auf ein weiteres Stück Papier schreiben. Die Buchstabenstreifen so verdrehen, dass man die vorherige Position nicht mehr sieht.

Die verschlüsselte Botschaft zusammenrollen und in die Rolle geben. An den Empfänger schicken – mal sehen, ob er den Code knacken kann.

Für jüngere Kinder
Einen Buchstabenstreifen festkleben, sodass sich nur der zweite dreht. Den festen Streifen bemalen und den Code in der entsprechenden Farbe schreiben. So wird die Entschlüsselung einfacher.

Für ältere Kinder
Ältere Kinder können verschiedene Systeme entwickeln und farbig markieren. Der Empfänger braucht dann vielleicht auch mehrere Buchstabenstreifen, um die Botschaft zu entschlüsseln.

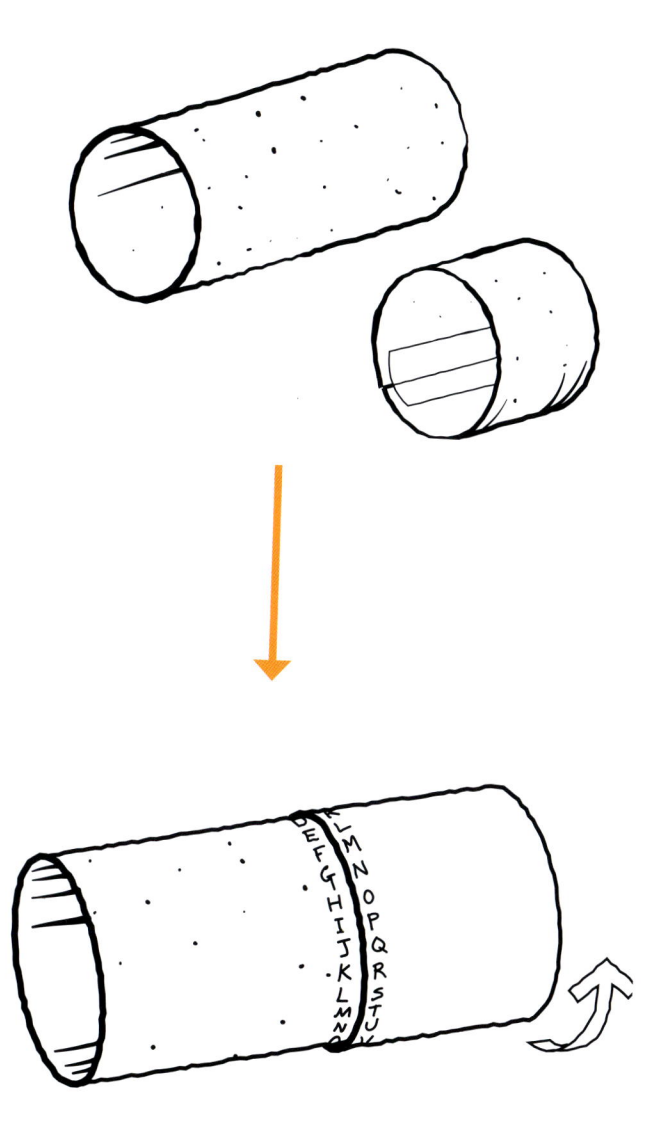

Armreifen aus Wasserflaschen

Einmal habe ich ein DIY-Projekt aus dem Fernsehen nachgebastelt. Dafür musste ich in den nächsten Bastelladen fahren. Als das Projekt fertig war, hatte es einen ganzen Tag in Anspruch genommen und ziemlich viel Geld gekostet. Das Material war drei Mal so teuer wie der Wert des Ergebnisses. Außerdem war ich in dieser Technik nicht geübt, sodass ich mit dem Ergebnis auch nicht zufrieden war. Ein einziges Chaos.

So bin ich dazu gekommen, eigene DIY-Projekte zu entwickeln wie diese selbstgemachten Armreifen. Sie müssen dafür nicht einkaufen fahren, und das Ergebnis sieht toll aus, egal ob die Bastler geübt sind oder nicht.

Material
(Für 2–3 Armreifen)

+ Leere Wasserflasche
+ Bunte Permanent-Marker
+ Schere

TIPP

Sie haben Söhne und können mit Armreifen nichts anfangen? Dann lassen Sie sie zwei unterschiedlich gefärbte Sets herstellen, mit denen man Ringwerfen spielen kann.

Die leere Wasserflasche wird mit den Markerstiften bemalt. Die eingeprägten Ringe und Muster auf vielen Wasserflaschen können dabei gut mit einbezogen werden. Die Flasche dann in Ringe mit einer Breite von 4 bis 7,5 cm schneiden.

Für jüngere Kinder
Wenn die Arme für diese Armreifen noch zu dünn sind, kann man mit den Ringen auch spielen. Achten Sie auf scharfe Kanten, die Sie mit Sandpapier glätten oder mit Klebeband entschärfen können.

Für ältere Kinder
Lassen Sie der Phantasie Ihrer Kinder freien Lauf. Sie werden bald eine ganze Schmuckkollektion entwerfen.

Kapitel 3

SPIELE FÜR DRINNEN UND DRAUSSEN

Mit fast allem kann man spielen. Dabei geht es nicht um die Regeln oder ums Gewinnen. Spiele sind eine gute Möglichkeit, auf lockere Art und Weise Teamgeist, Strategie, Konfliktbewältigung, Entscheidungsfindung, Ursache und Wirkung, Problemlösung und Verhandlungsgeschick zu lernen. Außerdem machen Spiele einfach Spaß!

Hollys Tipp: Es fällt mir schwer, ein Lieblingsspiel herauszusuchen. Bei uns zu Hause wird sehr viel Trichtergolf (Seite 122) und Vier Felder (Seite 112) gespielt. Beide Spiele sind sehr wettkampfbetont und brauchen Hausregeln. Am Ende wird immer viel herumgefrotzelt und gelacht.

Rachels Tipp: Unsere Jungs waren begeistert, als sie sahen, wie weit der Eierkarton-Gleiter fliegen kann (Seite 121). Er ist mit Abstand ihr Lieblingsflugzeug – leicht herzustellen und außerdem auch noch ein Ansporn, mehr Eier zu essen.

Drunter und drüber

Ein Hindernisparcours im Haus sorgt dafür, dass sich Ihre Kinder genug bewegen. Und an regnerischen, heißen oder kalten Tagen vertreibt er die Unruhe. Nur die Möbel stehen irgendwie immer im Weg, aber bei diesem „Drunter und drüber"-Parcours werden einige Stationen miteinbezogen, sodass etwas ganz Eigenes entsteht.

Material

+ Karten in der Grösse 7,5 x 12,5 cm
+ Markerstifte
+ Stühle, Hocker, Sofas
+ Klebeband

TIPP

Mit eigenen Siegermedaillen und einem Siegertreppchen für den ersten bis dritten Platz können Sie eine olympische Siegerzeremonie feiern, wenn die Platzierungen feststehen.

Auf jede Karte wird ein Pfeil gezeichnet. Sie brauchen genauso viele Pfeile wie Hindernisse.

Stellen Sie Stühle, Hocker und Sofas so, dass genug Platz dazwischen ist. Der Parcours kann in einem einzelnen Zimmer oder in der ganzen Wohnung oder im Haus eingerichtet werden. Auf jedes Möbelstück mit Klebeband einen Pfeil kleben, der anzeigt, ob das Hindernis überklettert, unterlaufen oder umgangen werden muss.

Start- und Ziellinie festlegen.

Die Kinder werden dem Kurs gern einfach aufgrund der Pfeile folgen. Wenn Sie etwas mehr Wettkampfstimmung erzielen wollen, stoppen Sie die Zeit. Wer kann seine eigene Bestzeit unterbieten?

Für jüngere Kinder

Einen kurzen Parcours oder einen reinen Krabbelkurs festlegen.

Für ältere Kinder

Ältere Kinder können den Parcours selbst festlegen. Als wir das beim letzten Mal bei uns im Haus machten, hatten wir einen Parcours mit 22 Stationen! Nicht vergessen, die Zeiten aufzuschreiben!

Jonglierbälle

In der sechsten Klasse lernte ich jonglieren – nicht, um anderen etwas vorzuführen, sondern einfach für mich. In unserem großen, halb fertigen Keller übte ich stundenlang.

Diese Jonglierbälle aus Luftballons und Körnern, Mehl oder Sand sind ganz einfach herzustellen und perfekt für kleine Hände und Anfänger geeignet.

Material

+ MESSBECHER MIT KLEINER MASSEINHEIT
+ REIS, WEIZENKÖRNER, MEHL ODER SAND
+ LUFTBALLONS
+ TRICHTER

TIPP

Helfen Sie Ihren Kindern, die Kraft in ihren Händen zu trainieren. Füllen Sie einen Ballon mit Mehl, um einen „Stressball" zu erhalten, den man kneten kann, um Spannung abzubauen. Er ist aber auch ein gutes Material für ein schnelles Spiel.

Pro Ball 80 ml Füllung abmessen, sodass alle Bälle das gleiche Gewicht haben. Einen Ballon auf die untere Öffnung des Trichters ziehen und die Füllung hineinschütten. Den Ballon zubinden. Mehrere Ballons auf diese Weise füllen.

Den ersten Ball zwischen allen Teilnehmern hin und her werfen. Wenn er gut im Spiel ist, einen zweiten Ball dazugeben. Es macht richtig Spaß, zuzusehen, wie hoch konzentriert die Kinder vorauszusehen versuchen, wann der Ball in ihre Richtung kommt.

Sie können eine Reihenfolge festlegen: Zwei Leute werfen sich die Bälle gegenseitig zu oder jeder wirft einen Ball der Person links von ihm zu und so weiter. Dann brauchen Sie vielleicht einen Spielleiter.

Man kann mit diesen Bällen aber auch gut allein spielen. Erst einen Ball hochwerfen und fangen, dann zwei und schließlich drei ... oder noch mehr.

Für jüngere Kinder
Statt Bälle mit gleichem Gewicht herzustellen, können die Bälle auch unterschiedlich schwer sein. Jüngere Kinder genießen es auch, die Textur verschiedener Füllungen zu ertasten oder sie nach Gewicht oder Gefühl zu sortieren.

Für ältere Kinder
Lassen Sie Ihre Kinder drei Bälle mit exakt gleichem Gewicht herstellen. Wiegen Sie die Bälle ab und gleichen Sie das Gewicht eventuell aus. Mit den drei normierten Bällen kann man gut jonglieren lernen.

Badewannen-Memory

Das Memory-Spiel ist in vielen Familien so beliebt, weil bei diesem Spiel Erwachsene und Kinder endlich mal gleiche Chancen haben. Es war das erste Spiel, bei dem ich gegen meinen Vater gewann. Und wahrscheinlich hat er mich nicht mal gewinnen lassen: Kinder haben ein gutes Gedächtnis. Und sie lieben es, zu gewinnen.

Dieses Memory-Spiel ist für ein Kind gedacht und eignet sich für die Badewanne. Es besteht aus Schwammstücken, die mit einem Thema nach dem Geschmack des Kindes ausgestaltet werden können.

Material

+ 1 ODER MEHR SCHWÄMME
+ SCHERE
+ PERMANENT-MARKER

TIPP

Fangen die Schwämme an zu müffeln? Die Bakterien werden abgetötet, wenn man den feuchten Schwamm etwa 15 Sekunden in der Mikrowelle erhitzt. Auf diese Weise hat der Schwamm eine längere Lebensdauer.

Den Schwamm oder die Schwämme in gleichmäßige Rechtecke schneiden. Größe und Form spielen keine Rolle, sie sollten nur gleich sein. Jeweils zwei Stücke nebeneinander legen und mit einem Markerstift genau das gleiche Motiv darauf malen.

Wenn die Stücke nass sind, kleben sie an den Wänden der meisten Badewannen. Sie werden in zufälliger Anordnung so aufgeklebt, dass man das Motiv nicht sieht. Die Kinder spielen, indem sie immer zwei Stücke umdrehen und versuchen, zusammen passende Teile zu finden.

Für jüngere Kinder

Größere und weniger Schwammstücke herstellen. Mit ihnen kann man auch dann wunderbar im Wasser spielen, wenn das Kind keine Lust auf Memory hat.

Für ältere Kinder

Für Leseanfänger Groß- und Kleinbuchstaben auf die Stücke zeichnen, oder Zahlen und das ausgeschriebene Zahlwort. Zum Lesenüben können auch erste Wörter und dazu passende Bilder verwendet werden.

Gruppentraining mit dem Wasserball

Gruppenprobleme müssen in jeder Familie Tag für Tag gelöst werden, auch wenn wir fast nie darüber nachdenken. Tatsächlich ist es eine große Aufgabe, Essenswünsche, Schlafenszeiten, Sporttermine, Wäsche, Hausaufgaben und Familienaktivitäten im Zeitplan unterzubringen. Spiele mit dem Ziel, als Gruppe zusammenzuarbeiten, können auch den kleinsten Familienmitgliedern ein Gefühl für gemeinsames Handeln vermitteln.

Dieses Spiel stellt eine einfache Möglichkeit dar, in einer Gruppe von Kindern oder einer Familie Teambuilding zu praktizieren. Ein Laken und ein Ball sind die Hilfsmittel für eine gemeinsame Lösung

Material
(Für zwei und mehr Kinder)

+ BETTLAKEN
+ WASSERBALL

Tragen Sie den Ball mithilfe des Lakens an einen bestimmten Ort. Es kann eine einfach Start- und Ziellinie sein, Sie können aber auch Hindernisse aufbauen, um die alle mitsamt dem Laken herummanövrieren müssen. Oder darüber/darunter, das hängt ein wenig vom Alter der TeilnehmerInnen ab. Wenn der Ball auf dem Weg herunterfällt, geht es am Start von vorne los.

Für jüngere Kinder

• Einen kleineren Ball verwenden, es geht sogar mit Tennisbällen. Bauen Sie einen Hinderniskurs auf, bei dem die Kinder mehrere Bälle in Taschen deponieren müssen.

• Gestatten Sie den Kindern, das Laken mit beiden Händen festzuhalten.

• Wenn die Kinder noch zu klein sind, um Richtungsanweisungen zu folgen, reicht auch schon die Regel, dass der Ball nicht auf den Boden fallen darf. Die Kinder können den Ball auch gemeinsam hochwerfen und wieder auffangen.

Für ältere Kinder

• Ein kleineres Tuch und einen größeren Ball verwenden. Die Kinder dürfen den Ball nicht mehr berühren, sobald er auf dem Tuch liegt.

• Die Kinder dürfen das Tuch nur mit einer Hand halten und müssen sich Möglichkeiten ausdenken, das Tuch zu halten und den Ball nicht fallen zu lassen.

• Erhöhen Sie das Tempo. Stoppen Sie die Zeit für den Parcours.

• Verändern Sie die Höhe. Legen Sie ein hoch gelegenes Ziel fest, beispielsweise ein Schaukelgestell oder einen Busch. Wie schaffen die Kinder es, den Ball dort zu deponieren?

• Helfen Sie Ihren Kindern, gut miteinander zu kommunizieren. Verbinden Sie einem Kind die Augen und bitten Sie einen Partner, ihm oder ihr durch sprachliche Anweisungen zu helfen.

Gartenspiele bauen

Wir sind am glücklichsten, wenn wir jeden Tag draußen sein können. Und oft verbringen wir den größten Teil unserer Zeit im Freien. Die kleineren Kinder genießen es, einfach in der Erde zu buddeln oder Blätter zu sammeln, während ältere Kinder anspruchsvollere Aufgaben vorziehen.

Dieses Projekt könnte genau das Richtige sein, wenn Ihre Kinder zwar gern draußen sind, aber auch eine richtige Beschäftigung haben wollen. Sie können ihre Lieblingsspiele zusammenstellen und in einer Gartenversion gestalten, sodass sie sie immer wieder benutzen können.

Material

+ Kleine Pizzaschachtel
+ Backpapier
+ Schnell trocknender Zement
+ Pulverisierte Kreide oder Acrylfarbe zum Einfärben des Zements
+ Wegwerfmesser aus Plastik

Material zum Gestalten

+ z.B. Muscheln, Münzen, Schnecken, Murmeln, Steine, Perlen
+ Farbe
+ Nägel

Die Pizzaschachtel mit Wachspapier auskleiden. Den Zement nach Packungsanweisung anrühren und einfärben, falls das Spielbrett farbig sein soll. Die Pizzaschachtel vorsichtig mit dem Zement füllen. Wenn er anzieht, die Oberfläche mit dem Plastikmesser glatt streichen und eventuelle Klümpchen entfernen. Mit Muscheln, Münzen o.Ä. das gewünschte Spiel gestalten. Das fertige Spielbrett 24 Stunden trocknen lassen, bevor die Pizzaschachtel und das Backpapier entfernt werden.

Einige Spielideen:

- **GeoBoard**: Das Spielbrett mit Nägeln versehen. Zum Spielen werden Gummibänder über die Nägel gespannt, sodass verschiedene Muster und Formen entstehen.

- **Tic-Tac-Toe**: Mit alten Stiften oder mit dem Pinsel das Raster aufzeichnen. Mit zwei verschiedenen Arten von Blättern spielen.

- **Punkte verbinden**: Auf dem Spielbrett in gleichmäßigen Abständen Murmeln verteilen, sodass ein Raster entsteht. Zum Spielen werden Kreise oder Grashalme benutzt, um die Punkte zu verbinden. Mit diesem Raster lassen sich verschiedene Spiele spielen, z.B. Labyrinthe bauen, Felder schließen, Zeichnen und so weiter.

Für jüngere Kinder

Eine glatte Zementoberfläche ergibt ein schönes Zeichenbrett. Das ist besonders gut, wenn Sie nicht wollen, dass Ihre Kinder ständig den Hof „verschönern". Auf dieser Tafel können sie ihre Kreativität austoben.

Für ältere Kinder

Vielleicht haben Ihre Kinder Lust, neue Spiele zu erfinden, indem sie ihre Lieblingsspiele kombinieren und ganz neue Regeln entwerfen?

Vier Felder

Dieses Spiel gehörte in meiner Kindheit einfach dazu. Wir haben es auf dem Schulhof gespielt, mit Grenzmarkierungen aus Stöckchen und Steinen.

Dann habe ich lange Zeit nicht mehr daran gedacht, bis mir mein Sohn vor einem Jahr ein Spiel beibringen wollte, das er mit seinen Freunden auf dem Schulhof spielt. Er war ziemlich verblüfft, als ich ihm zeigte, dass man dieses Spiel über die Jahre hin nicht verlernt.

Bei dieser Version spielt das gesamte Team gegen sich selbst, um einen neuen Familienrekord aufzustellen.

- -

Material
+ STRASSENKREIDE (S. 11) ODER ABLÖSBARES KLEBEBAND
+ GEHWEG ODER HOF
+ GUMMIBALL

TIPP
Auch Großeltern können hier mitspielen, sie brauchen aber vielleicht modifizierte Regeln, genau wie die jüngsten Teilnehmer. Bei uns darf die Oma den Ball immer zwei Mal aufhüpfen lassen.

Mit Kreide oder Klebeband wird ein Quadrat von etwa 6 Metern Seitenlänge abgesteckt. Dieses große Quadrat wird in vier gleich große Felder aufgeteilt.

Die Felder werden von 1 bis 4 durchnummeriert, das vierte Feld bekommt eine besondere Markierung.

Jeder Spieler steht in einem Feld. Die Ersatzspieler stehen an der Außenlinie von Feld 1.

Der Spieler in Feld 4 schlägt auf, indem er den Ball aufhüpfen lässt und mit der offenen Handfläche in ein anderes Feld schlägt. Der annehmende Spieler lässt den Ball einmal aufhüpfen und schlägt ihn dann mit der offenen Hand in das nächste Feld.

Ziel des Spiels ist es, den Ball so zu schlagen, dass ihn der nächste Spieler annehmen kann, ohne dass der Ball mehr als einmal aufhüpft oder aus dem Feld springt. Es geht darum, so viele Runden zu schaffen wie möglich. Wenn ein Fehler passiert, rotieren alle Spieler um ein Feld. Sind mehr als vier Spieler dabei, dann pausiert der Spieler von Feld 4 an der Außenlinie von Feld 1, und der erste Ersatzspieler kommt in Feld 1 dazu.

Es gibt drei Muster:

- im Uhrzeigersinn

- gegen den Uhrzeigersinn

- kreuzweise (siehe Zeichnung).

Jedes Muster wird eine Runde lang gespielt. Der Spieler in Feld 4 entscheidet, welches Muster in der nächsten Runde an der Reihe ist. Bei einem Austausch der Spieler geht es wieder vorn los. Die Anzahl der Spielrunden wird aufgeschrieben.

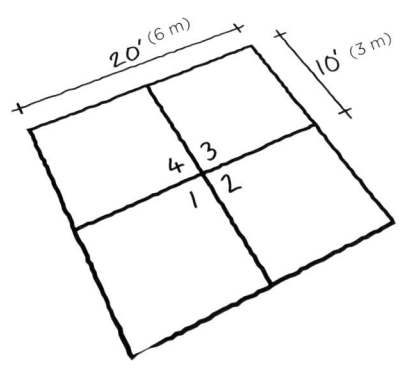

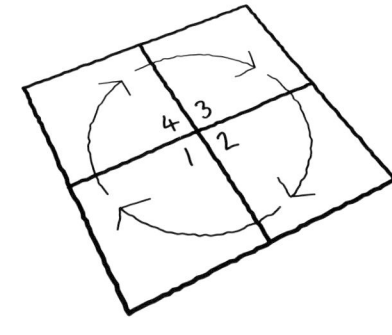

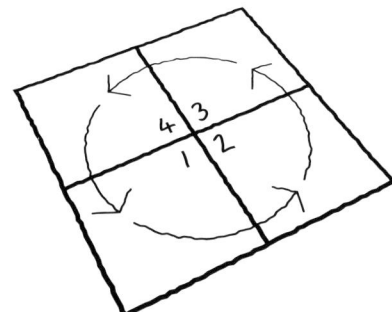

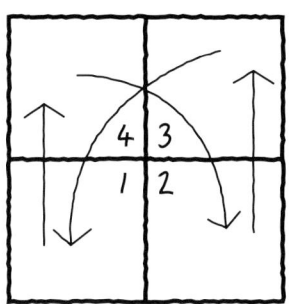

Für jüngere Kinder

Jüngere Kinder kommen mit einem größeren, leichteren Ball besser zurecht. Je nach Alter und Fertigkeit kann man zusätzliche Regeln einführen, z.B. zweimaliges Aufhüpfen. Oder der Ball wird bei ihnen gerollt. Es geht immer darum, ihnen zu zeigen, dass auch sie ein wichtiges Teammitglied sind.

Für ältere Kinder

Ältere Kinder können das Muster ausrufen oder weitere Muster erfinden, z.B.:

- kreuzweise gerollt

- große Hüpfer nach links

- doppelte Hüpfer nach rechts

Katapult-Wettbewerb

Waffen spielen bei uns eine große Rolle. Und ich betone, dass es nicht die Umgebung war, die diese Vorliebe bei unseren Kindern ins Leben rief. Die meisten Kinder sind einfach so. Wir hatten nie Spielzeugwaffen im Haus, aber sie haben sie sich einfach selbst gebaut.

Inzwischen versuche ich, daraus Spiele zu machen, bei denen Gut gegen Böse kämpft, und ein Ergebnis meiner mütterlichen Fürsorge ist dieser Katapult-Wettbewerb.

Die Kinder können mit allen möglichen Haushaltsgegenständen Katapulte bauen und dann um die Wette auf verschiedene Ziele schießen.

Material
(Für ein Katapult)

+ SCHERE
+ 14 BREITE BASTELSTÄBCHEN
+ GUMMIBÄNDER
+ PLASTIKLÖFFEL
+ ABLÖSBARES KLEBEBAND
+ MASSBAND
+ TISCHTENNISBÄLLE ODER ANDERE MUNITION, Z.B. WATTEBÄUSCHE, WATTE- ODER FILZKUGELN USW.

Von einem Bastelstäbchen an beiden Enden je 5 cm abschneiden. Neun Bastelstäbchen übereinander stapeln, das gekürzte Stäbchen auf den Stapel legen und noch zwei Stäbchen darüberlegen. Das Bündel mit zwei Gummibändern zusammenbinden, die etwa ein Drittel von den Enden entfernt darumgewickelt werden. Das gekürzte Stäbchen ist das dritte von oben.

Einen Plastiklöffel aufrecht an die Seite des Stapels stellen. Mit zwei weiteren Gummibändern den Löffel kreuzweise sichern. Ein drittes Gummiband auf die Hälfte falten und so anbringen, dass die beiden Schlaufen um den Löffel liegen, eine oberhalb und eine unterhalb des Stäbchenstapels. Die Rückseite des Gummibandes läuft um den Stapel. In die Lücke, die durch das gekürzte Stäbchen gebildet wird, zwei weitere Stäbchen im rechten Winkel einführen und mit zwei weiteren Gummibändern sichern.

Mit ablösbarem Klebeband eine Startlinie festlegen. Hier werden die Katapulte aufgestellt. Ein Bandmaß im rechten Winkel zur Startlinie auslegen.

Jetzt wird der Reihe nach mit den Katapulten geschossen. Mit kleinen Stückchen Klebeband, auf denen die Initialen der Schützen angegeben sind, werden die Landeplätze der Munition markiert. Die Flugdistanz messen und aufschreiben. Der Schütze bzw. die Schützin mit der weitesten Durchschnittsdistanz gewinnt.

TIPP

Dies ist ein tolles Gruppenspiel. Schneiden Sie das kürzere Stäbchen vor und geben Sie alle Materialien für ein Katapult in eine Tüte, sodass jedes Kind einen Materialsatz bekommt. Dann können die Kinder gemeinsam die Katapulte zusammenbauen und um die Wette schießen.

Für jüngere Kinder

Das Zurückziehen des Löffels, ohne dass die Munition herausfällt, kann am Anfang ziemlich frustrierend sein. Mit einem kleinen Stück Klebeband im Löffel hält die Munition besser. Beim Schießen überwindet der Zug diesen kleinen Widerstand, sodass auch jüngere Kinder gut mitspielen können.

Für ältere Kinder

Ältere Kinder können neue Modelle erfinden und erproben, um das ultimative Katapult zu bauen. Auch andere Materialien können dabei eingesetzt werden, z.B. Legosteine oder andere Baukasten-Spiele.

Kreideknäuel

Für mich war die Pause immer das Beste am Schultag. Wir haben Vier Felder und viele andere Spiele gespielt. Und an Regentagen holte der Lehrer die „Twister"-Scheibe und -Matte heraus, um die Regenpause genauso spaßig wie jede andere Pause zu machen.

Man muss aber nicht auf Regenwetter warten. Diese „Twister"-Version mit Straßenkreide und selbst gemachten Würfeln ist für draußen geeignet.

Material

+ STRASSENKREIDE IN MINDESTENS 6 FARBEN (S. 77)
+ WÜRFEL

TIPP

Wenn die Kreide vor dem Malen kurz in Wasser getaucht wird, leuchten die Farben schöner.

Mit Straßenkreide ein Raster aus 6 x 6 Quadraten aufmalen. Die Quadrate nach dem Zufallsprinzip in sechs verschiedenen Farben ausmalen, sodass sich je sechs Quadrate aus jeder Farbe ergeben.

Bei einem der Würfel wird jedes Feld mit einer der Farben markiert. Ein Teilnehmer bekommt diesen Würfel. Alle Teilnehmer stehen in der Farbe ihrer Wahl. Jetzt von dem Teilnehmer mit dem Würfel ein Körperteil ausgerufen und es wird ausgewürfelt, welche Farbe dran ist. Alle Teilnehmer versuchen, mit dem entsprechenden Körperteil die gewürfelte Farbe zu erreichen, ohne umzufallen.

Für jüngere Kinder

Die Quadrate kleiner machen, die Kinder dürfen in ein Quadrat mit der gewürfelten Farbe hüpfen.

Bei der Originalversion üben die Kinder „rechts" und „links" und stärken außerdem ihre Bauchmuskeln, wenn sie auf allen vieren balancieren. Wenn Sie keine Straßenkreide in sechs Farben haben, nehmen Sie unterschiedlich geformte flache Objekte aus dem Haus, z.B. Bücher, Deckel usw. Dann geht es darum, auf Dreieck, Kreis, Raute, Rechteck usw. zu landen.

Für ältere Kinder

Ein zweiter Würfel könnte die Körperteile auflisten: rechter Arm, linker Arm, rechtes Bein, linkes Bein, Kopf usw. Körperteil und Farbe werden ausgewürfelt.

Domino aus Bastelstäbchen

In meiner Familie wird sehr gern gespielt, vor allem am Samstagabend. Wir können uns stundenlang mit Monopoly, Dame, Cluedo und anderen Spielen vergnügen. Aber alle, von Vorschulkind bis zu den Großeltern, lieben Domino. Bei diesem Projekt werden Dominosteine aus Bastelstäbchen selbst gebaut. Man kann dieses Domino auch mal schnell zwischendurch spielen.

Material

+ 20–30 Mini-Bastelstäbchen (wir haben Eisstäbchen gesammelt)
+ Marker- oder Filzstifte

Stifte raus, diese Aktivität macht Kindern großen Spaß. Bei jedem Stäbchen werden beide Enden bemalt, dann kommt das Stäbchen auf den Stapel, und weiter geht's. Wenn alle Stäbchen mit einem Kunstwerk an beiden Enden verziert sind, ist das Spiel fertig. Jedes Kunstwerk muss mindestens zwei Mal vorkommen.

Jüngeren Kindern fällt es wahrscheinlich schwer, zwei Mal dasselbe Bild zu malen. Wenn sie noch zu klein sind, um den Vorgang des „Kopierens" zu verstehen, können sie auch nur das Original malen und ein Erwachsener oder ein älteres Kind stellt die Kopie her.

Die Bilder können alles Mögliche darstellen und sind nicht auf Gegenstände und Symbole beschränkt. Auch Buchstaben, Zahlen und Wörter sind möglich. Die Zahl der Stäbchen ist beliebig. Je mehr, desto besser. Für den Anfang würden wir mindestens 20 empfehlen.

Für jüngere Kinder
Sie können mit jüngeren Kindern auch eine Art Memory spielen, indem Sie ein Stäbchen hochhalten und die Kinder auffordern, das Gegenstück zu finden. Das Dominospiel kommt dann später.

Für ältere Kinder
Ältere Kinder legen vielleicht Wert auf klarere Regeln. Legen Sie beim Malen die Stäbchen aneinander, sodass auch sicher genug zueinander passende Enden vorhanden sind. Am besten ist es, wenn sich am Ende der Kreis schließt.

Zielwerfen mit Gleitern aus Eierkartons

Wir haben im Laufe der Jahre viele Spielzeugflugzeuge gekauft, aber die meisten waren nicht besonders haltbar. Irgendwann, oft schon Minuten nach dem Zusammenbauen, stürzen sie ab und sind kaputt. Zum Glück gibt es dieses DIY-Flugzeug aus Haushaltsmaterialien, das robuster ist und nicht auf dem höchsten Regal gelagert werden muss, um intakt zu bleiben. Wenn Sie mehrere Gleiter dieser Art bauen, können Sie ein wunderbares Wurfspiel daraus machen.

Material
(Für einen Gleiter)

+ BLEISTIFT UND MARKER
+ EIERKARTONS AUS STYROPOR (AM BESTEN EIN KARTON FÜR 18 EIER, ABER EIN ZWÖLFERKARTON GEHT AUCH)
+ SCHERE
+ FARBIGES KLEBEBAND
+ KABELBINDER
+ HULA-HOOP-REIFEN

Mit einem Stift das Gleiter-Design auf den Eierkarton malen, sodass eine möglichst große Flügelspannweite entsteht. An den Linien entlang ausschneiden.

Den Gleiter mit buntem Klebeband und Markerstift verzieren. An der Nase des Gleiters einen Kabelbinder anbringen, um ihm mehr Gewicht und Stabilität zu verleihen.

Jeder Mitspieler kommt einmal damit an die Reihe, den Hula-Hoop-Reifen (das Ziel) hochzuhalten. Die anderen werfen ihre Gleiter durch den Reifen. Das Ziel besteht darin, die Gleiter geschmeidig durch den Reifen zu werfen.

Für jüngere Kinder
Jüngere Kinder brauchen sicher Hilfe beim Zeichnen und Ausschneiden des Gleiters. Sie können aber beim Verzieren mitmachen. Babys haben ihren Spaß daran, die Reste der (sauberen) Eierkartons unter Aufsicht zu erforschen und kaputt zu machen.

Für ältere Kinder
Ältere Kinder können eine ganze Flotte von Flugzeugen herstellen und mit verschiedenen Formen, Stilen und Balancemustern arbeiten, sodass irgendwann das optimale Design entsteht. Jüngere Geschwister können mehr Verantwortung übernehmen und das Ziel hochhalten. Das läuft dann oft auf ein sehr bewegliches Ziel hinaus.

Wurfgolf mit Trichtern

Dies ist eine Weiterentwicklung eines Spiels, das mein Bruder und ich spielten, wenn wir meinen Vater beim Golf begleiteten und uns der Achtzehn-Loch-Kurs zu langweilig geworden war. Aber Sie brauchen keinen Golfplatz und auch keine riesige Grasfläche dafür, es geht genauso gut im Garten oder im Park.

Material

+ ZEICHENPAPIER
+ SCHERE
+ MARKERSTIFTE
+ 5–18 PLASTIKTRICHTER
+ SCHASCHLIKSPIESSE
+ KLEBEBAND
+ KLEINER BALL: TISCHTENNIS, GOLF ODER SOGAR EIN FLUMMY

TIPP

Beim Discounter findet man gelegentlich jede Menge billige Trichter. Gut sind die Sets mit mehreren Größen. Die kleineren Trichter sind vor allem für ältere, erfahrene Spieler geeignet.

Aus dem Zeichenpapier dreieckige Fähnchen schneiden. Die Fähnchen mit 1 beginnend durchnummerieren, für jeden Trichter eines. Die Fähnchen mit Klebeband an den Schaschlikspießen befestigen.

Die Trichter in den Boden stecken, um ein Golf-„Loch" zu markieren. Der Rand muss nicht mit dem Boden abschließen. Ein nummeriertes Fähnchen neben jedes Loch stecken. Einen Abschlagplatz in einiger Entfernung zum ersten Fähnchen festlegen.

Wir spielen nach ähnlichen Regeln wie beim Golf. Vom Abschlag aus wird zum ersten Trichter geworfen. Der Ball soll im Trichter landen und nicht wieder herausspringen. Die Spieler müssen ihren Ball dort aufheben, wo er beim letzten Wurf liegen geblieben ist, und dürfen sich nicht von diesem Platz wegbewegen. Wenn ein Trichter erreicht ist, wird in einem Radius von 1 Meter um das „Loch" weitergeworfen.

Jeder Wurf zählt als Punkt. Der Spieler, der den gesamten Kurs mit der niedrigsten Punktzahl erreicht, hat gewonnen

Für jüngere Kinder

Ein schwerer Ball, z.B. ein Golfball, ist leichter zu kontrollieren und zu werfen. Sehr kleine Kinder können die Erlaubnis bekommen, ein paar Schritte zu gehen, bevor sie werfen.

Für ältere Kinder

Ein leichterer Ball, z.B. ein Tischtennisball, erhöht den Schwierigkeitsgrad, wenn mit jüngeren Kindern gespielt wird. Er fliegt nicht so weit und springt leichter wieder aus dem Trichter heraus.

Großes Wettfliegen

Papierflieger sind ein sicheres Rezept gegen Langeweile, da wir das Material eigentlich immer zur Hand haben. Hier wird mit Schachteln von Frühstücksflocken gebaut, sodass größere Flugzeuge entstehen, mit denen man tolle Rennen veranstalten kann.

- -

Material

+ SAUBERE, LEERE SCHACHTELN VON FRÜHSTÜCKSFLOCKEN
+ SCHERE
+ KLEBEBAND
+ EVTL. EIN STÜCK SEIL

TIPP

Wenn Sie draußen spielen wollen, können Sie die Flugzeuge mit Sprühfarbe wetterfest machen und mit einer Büroklammer an der Nase beschweren, um die Flugstabilität zu erhöhen.

Die Schachtel öffnen, damit ein großes Stück Karton entsteht. Die geklebten Enden und Klappen abschneiden, sodass nur ein großes Rechteck übrig bleibt.

Den Karton falten wie einen traditionellen Papierflieger. Mit Klebeband die Tragflächen befestigen.

Mit Klebeband oder einem Stück Seil eine Startlinie festlegen. Jeder Spieler wirft seinen Flieger Richtung Ziel. Wenn das Flugzeug nicht beim ersten Wurf die Ziellinie überfliegt, geht er zum Landeplatz und wirft von dort aus weiter. Wer die wenigsten Würfe braucht, hat gewonnen.

Für jüngere Kinder
Jüngere Kinder brauchen Hilfe beim Bauen des Fliegers. Der steife Karton ist für kleine Hände schwer zu bearbeiten. Die Kinder können aber beim Gestalten des Flugzeugs mithelfen. Das Zählen der Würfe fördert das Zahlenverständnis.

Für ältere Kinder
Ältere Kinder können beim Flugzeugbau ihrer Kreativität freien Lauf lassen. Sie können mit neuen Faltungen und Gewichten experimentieren und die Ergebnisse ausprobieren, bis sie die optimalen Flugeigenschaften erreichen.

Selbst gemachtes Puzzle aus Bauklötzen

Dieses Puzzle-Projekt greift auf bereits vorhandenes, beliebtes Spielzeug zurück. Eine Handvoll Lieblings-Bauklötze und ein Kopierer führen zu einem neuen Lernprozess, den Ihre Kinder schnell annehmen werden. Je nach Alter können Sie das Spiel leichter oder schwieriger gestalten.

Material
+ Bauklötze
+ Papier oder Karton
+ Farbkopierer
+ Evtl. Laminiergerät

Die Bauklötze auf den Kopierer legen und mit einem weißen Blatt Papier oder weißem Karton abdecken. Die Klötze können als Muster arrangiert oder einfach zufällig aufgelegt werden.

Eine Farbkopie der Bauklötze machen.

Die Klötze mischen, einige zusätzliche Klötze dazugeben. Das Kind soll nun die Kopie als Vorlage nutzen, um das Muster nachzulegen. Sie können die Vorlage laminieren, um sie immer wieder zu verwenden.

Für jüngere Kinder
Mit großen Klötzen und weniger Teilen wird das Puzzle einfacher.

Für ältere Kinder
Ältere Kinder können Farbkopien der verschiedenen Arbeitsschritte für eine kompliziertere Struktur machen. Statt einfachen Bauklötzen können sie auch mit Bausystemen wie Lego arbeiten und eigene Bauanleitungen entwickeln.

Riesen-Reversi

In einem unserer liebsten Ferienorte gibt es große Versionen von Brettspielen überall im Dorf. Man kann dort z.B. Riesen-Schach, Scrabble, Turmbau und Vier gewinnt spielen. Die Spiele sind die größte Attraktion dort, obwohl es auch sonst viele (oft teurere) Beschäftigungsmöglichkeiten gibt.

Weil wir dieses Erlebnis mit nach Hause nehmen wollten, haben wir uns ein Riesen-Reversi gebaut, das man im Haus spielen kann.

Material

+ Klebstoff oder doppelseitiges Klebeband
+ 36 Papp- oder Plastikteller in zwei verschiedenen Farben
+ Ablösbares Klebeband

Je zwei Teller zusammenkleben, sodass jede Seite eine andere Farbe hat. Es entstehen 18 Spielsteine. Mit ablösbarem Klebeband wird auf dem Boden ein Raster von 6 x 6 Feldern angelegt.

Vier Spielsteine werden in die mittleren Felder gelegt, zwei von der einen Farbe, zwei von der anderen. Jeder Spieler wählt eine Farbe. Dann wird abwechselnd gespielt, jeder Spieler legt einen Spielstein neben einen Stein des Gegners. Sobald ein Stein auf zwei Seiten von gegnerischen Steinen eingeschlossen ist, wird er umgedreht. Ziel ist es, so viele gegnerische Steine wie möglich umzudrehen. Das Spiel endet, wenn alle Felder belegt sind. Wer die meisten Steine besitzt, hat gewonnen.

Für jüngere Kinder

Ein großes Raster auf dem Boden und farbige Steine brauchen eigentlich gar keine Spielregeln. Die Kinder können die Spielsteine aufstapeln oder Muster legen. Nebenbei lernen sie die Farben und ein wenig zählen.

Für ältere Kinder

Dieses Spiel macht Kindern aller Altersgruppen Spaß, und auch gegen Erwachsene haben sie dabei eine gute Chance. Mit einem größeren Raster und mehr Spielsteinen wird das Spiel schwieriger. Wie viel Platz haben Sie? Sie können tatsächlich ein riesiges Spielfeld anlegen. Außerdem kann man auch auf Zeit spielen, sodass jeder Spieler nur eine bestimmte Zeit (z.B. 5 Sekunden) für seinen Spielzug hat.

Menschlicher Knoten

Manche Kinder lieben Knoten. Sie haben eine unheimlich gute Fähigkeit, sie zu binden und zu lösen. Meine Verwandte Jeannette ist so ein Mensch. Alle kommen immer zu ihr, wenn sie einen Knoten nicht aufkriegen. Sie wäre die ideale Begleitung, wenn man Drachen steigen lässt.

Dieses Spiel ist auch durch ihre Liebe zu Knoten inspiriert, aber hier wird aus den Gliedmaßen der Teilnehmer ein lebensgroßes Puzzle, das alle zum Lachen bringt.

Bei einer Teilnehmerzahl von 5 bis 10 Kindern macht dieses Spiel am meisten Spaß. Die Kinder kommen ohne besondere Ordnung zusammen, heben die Hände und greifen nach einer der erhobenen Hände (nicht nach der eigenen), erst links, dann rechts. Jetzt sind alle miteinander verbunden und halten die Hände von zwei anderen. Das ist schon ein großer Knoten.

Die Aufgabe besteht jetzt darin, diesen Knoten zu lösen, ohne sich loszulassen. Dazu werden sie übereinander klettern müssen. Am Ende sollte ein großer Kreis dabei herauskommen.

Für jüngere Kinder

Mit weniger Teilnehmern ist der Knoten leichter zu lösen. Eines der Kinder bleibt draußen und gibt den anderen Anweisungen, um das Problem zu lösen.

Für ältere Kinder

Beobachten Sie, was passiert. Dies ist eine gute Gruppenaktion, auch mit mehreren Kindergruppen, die miteinander wetteifern, wer den Knoten am schnellsten gelöst hat.

Ballfänger aus alten Flaschen

Plastikflaschen, wie sie heute sehr oft verwendet werden, können zu wirklich coolen Spielzeugen recycelt werden. Dieses Spiel hat mit meinem Frühstückskaffee zu tun. Meine Kaffeesahne wird nämlich in besonderen Plastikflaschen verkauft, die nur mit einem Etikett aus Schrumpffolie versehen sind. Man kann das Etikett leicht entfernen und hat dann eine klare Flasche ohne Aufdruck, die man für alle möglichen Aktivitäten nutzen kann.

Ein Band, eine Flasche und ein Tischtennisball ergeben einen lustigen Ballfänger. Man kann allein oder zu zweit damit spielen.

Material
(Für einen Ballfänger)

+ 1 leere Plastikflasche
+ Messer mit Sägeschliff
+ Evtl. Sprühfarbe
+ 1 kleiner Ball, z.B. Tischtennisball
+ Schraubhaken mit geschlossener Öse
+ Evtl. Klebstoff
+ Band

Etiketten von der Flasche entfernen, den Boden mit dem Sägemesser abschneiden. Viele Plastikflaschen haben eingeprägte Ringe, die gut als Markierung fürs Schneiden dienen können.

Ich sprühe die Flaschen an dieser Stelle noch mit Farbe ein, aber das muss nicht sein, es geht auch so gut.

Für das Solospiel

Ein kleines Loch in den Tischtennisball stechen und den Haken hineinschrauben. Wenn er zu locker ist, wieder herausschrauben und das Schraubgewinde mit Klebstoff bestreichen, bevor der Haken wieder eingeschraubt wird. Den Klebstoff trocknen lassen.

Ein Band an den Schraubhaken binden, das andere Ende durch den Flaschenverschluss ziehen und verknoten, sodass beide Enden gesichert sind. Das Band sollte so lang sein, dass der Ball gut in die Flasche springen kann, aber nicht auf den Boden aufkommt.

Für das Partnerspiel

Den mit dem Haken befestigten Ball von dem Band lösen, einen zweiten Fänger aus einer Flasche herstellen und den ungesicherten Ball hin und her werfen.

Für jüngere Kinder

Jüngere Kinder können im Sitzen auf dem Boden spielen und versuchen, den rollenden Ball mit dem Fänger einzufangen.

Für ältere Kinder

Das Spiel kann auf verschiedene Weise modifiziert werden, damit es für ältere Kinder eine echte Herausforderung darstellt, beispielsweise mit neuen Spielregeln und Punktesystemen.

Balancieren

Mein Großvater hatte ein Spielzeug auf seinem Schreibtisch, das ich immer sehr bewunderte, wenn ich ihn besuchte. Es bestand aus Metallschienen mit leichter Neigung, auf denen eine Metallkugel entlanglief. Wenn man die Kugel unten platzierte und die Schienen leicht bewegte, lief die Kugel bergauf.

Dieses Spiel für zwei Personen beruht auf dem gleichen Prinzip und spielt mit der Schwerkraft. Es besteht aus zwei Schwimmnudeln und einem einfachen Ball. Das Ziel besteht darin, den Ball in einen Eimer zu befördern.

Material

+ 2 SCHWIMMNUDELN
+ 2 EIMER
+ 1 LEICHTER BALL

TIPP

Dieses Spiel, bei der man seine Bewegungen koordinieren muss, um den Ball zu bewegen, fördert die Fähigkeit der Kinder, eine Aufgabe zu meistern, ohne zu streiten.

Beide Spieler stehen einander gegenüber und halten die Enden der Schwimmnudeln mit je einer Hand fest. Vor die Füße jedes Teilnehmers wird ein Eimer gestellt. Der Ball liegt auf den Schwimmnudeln.

Die beiden Spieler arbeiten zusammen, um den Ball zum Ende der Schwimmnudeln zu transportieren und in den Eimer fallen zu lassen. Dann geht es zurück in die andere Richtung. Es geht ums Teamwork, nicht um Punkte.

Für jüngere Kinder

Jüngere Kinder sollten mit einem älteren Spielpartner spielen, der ihnen am Anfang hilft, ihre Bewegungen zu koordinieren.

Für ältere Kinder

Ältere Kinder können so spielen, dass ein Spieler still stehen muss und sich nicht bewegen darf. Dadurch wird das Bewegen des Balls schwieriger. Sie können auch um Punkte spielen.

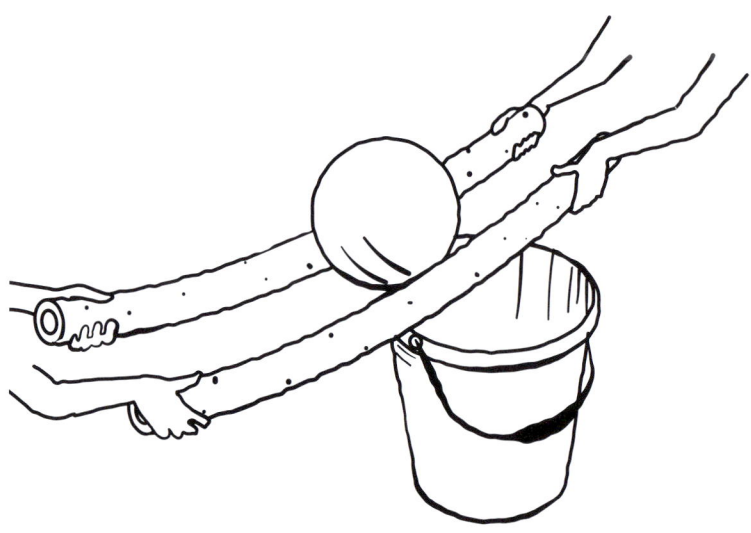

Duell

Mit diesem Spiel haben mein Bruder und ich als Kinder Konflikte gelöst. Wenn einer von uns richtig sauer auf den anderen war, wurde ein Duell ausgerufen. Dass es tatsächlich funktioniert, hat wohl zwei Gründe: Manchmal würde man wirklich gern zuschlagen. Und manchmal hilft ein bisschen Humor, die Dinge ins rechte Licht zu rücken.

Dabei ist dieses Spiel einfach nur albern und macht großen Spaß, auch ohne Konflikt. Auch die Zuschauer amüsieren sich köstlich, wenn zwei Leute mit einem Gesichtsschutz aus der einen Hand und einem unkoordinierten Speer aus dem anderen Arm herumfuchteln.

Die Teilnehmer strecken ihren rechten Arm ganz aus. Die rechte Hand befindet sich etwa in Augenhöhe. Der linke Arm wird unter dem rechten Arm durchgeführt, sodass die linke Hand das Gesicht bedeckt.

Der rechte Arm ist der Speer, die linke Hand der Gesichtsschutz.

Die Teilnehmer stehen sich gegenüber und treten drei Schritte zurück. Jetzt wird gekämpft, ohne die Armkonstruktion aufzulösen. Bis alles in Lachen untergeht.

Für jüngere Kinder
Jüngere Kinder brauchen Hilfe, um die richtige Position einzunehmen. Sie sollten am Anfang mit einem sanften Gegner kämpfen.

Für ältere Kinder
Rufen Sie ein Turnier aus, bei dem derjenige den Durchgang gewinnt, der sich am längsten das Lachen verbeißen kann. Dies ist auch ein gutes Partyspiel.

Ampel

„Rotes Licht, grünes Licht" ist das erste richtige Spiel, an das ich mich aus meiner Kindheit erinnere. Es war schrecklich aufregend, sich anzuschleichen, solange der Rufer uns den Rücken zudrehte. Als wären wir in Gefahr.

Ein Schritt, zwei Schritte. Noch ein dritter ... *Nein!*

Ohne dass wir es wussten, lernten wir dabei Körpersprache zu lesen und Dinge vorherzusehen.

Bis heute lieben wir dieses Spiel. Hier eine moderne Variante, bei der erst einmal eine Ampel gebaut wird.

Material
(Für eine Ampel)

+ 1 Kleenex-Schachtel
+ 2–3 Blätter weisses Zeichenpapier
+ Klebeband oder Klebstoff
+ 1 kleiner Deckel als Schablone
+ Je 1 Blatt rotes, gelbes und grünes Zeichenpapier
+ Schere
+ Dunkler Markerstift

Die Kleenex-Schachtel mit dem weißen Papier umhüllen, das Papier festkleben. Mit einem kleinen Deckel Kreise auf das farbige Papier zeichnen. Vier Kreise von jeder Farbe ausschneiden. Um klarer zu machen, welches Licht gerade an ist, haben wir die Hälfte der Lichter mit dunklen Linien übermalt.

Die Kreise auf die Schachtel kleben. Auf drei Seiten ist nur ein Licht „an", die anderen Kreise haben dunkle Linien. Auf der vierten Seite ist zusätzlich ein Pfeil für das Kommando „Umdrehen" angebracht.

Ein Kind dreht die Ampel, die anderen Kinder stehen an der Startlinie am anderen Ende des Raums. Die Kinder tun, was die Ampel ihnen vorgibt. Wenn sie grün ist, laufen sie schnell, wenn sie gelb ist, gehen sie langsam. Bei Rot müssen alle stehen bleiben. Die Bewegungen wechseln so schnell, wie der Dreher die Ampel dreht. In unserer Familie ist das immer der beliebteste Posten.

Für jüngere Kinder

Jüngere Kinder müssen nicht stehen bleiben, während die Scheibe gedreht wird, sondern dürfen weiterlaufen, bis das nächste Ampellicht drankommt. Sie können auch einen Vorsprung bekommen, bevor die älteren Kinder anfangen.

Mit diesem Spiel lernen kleine Kinder sehr schnell, auf einfache Kommandos zu achten. Außerdem ist es eine gute Vorübung für die ersten Erfahrungen auf Parkplätzen und an anderen potenziell gefährlichen Orten. Verwenden Sie dort einfach die gleichen Kommandos: „Rot" für stehen bleiben, „Gelb" für langsam und vorsichtig gehen und „Grün" für „Alles in Ordnung, lauf los".

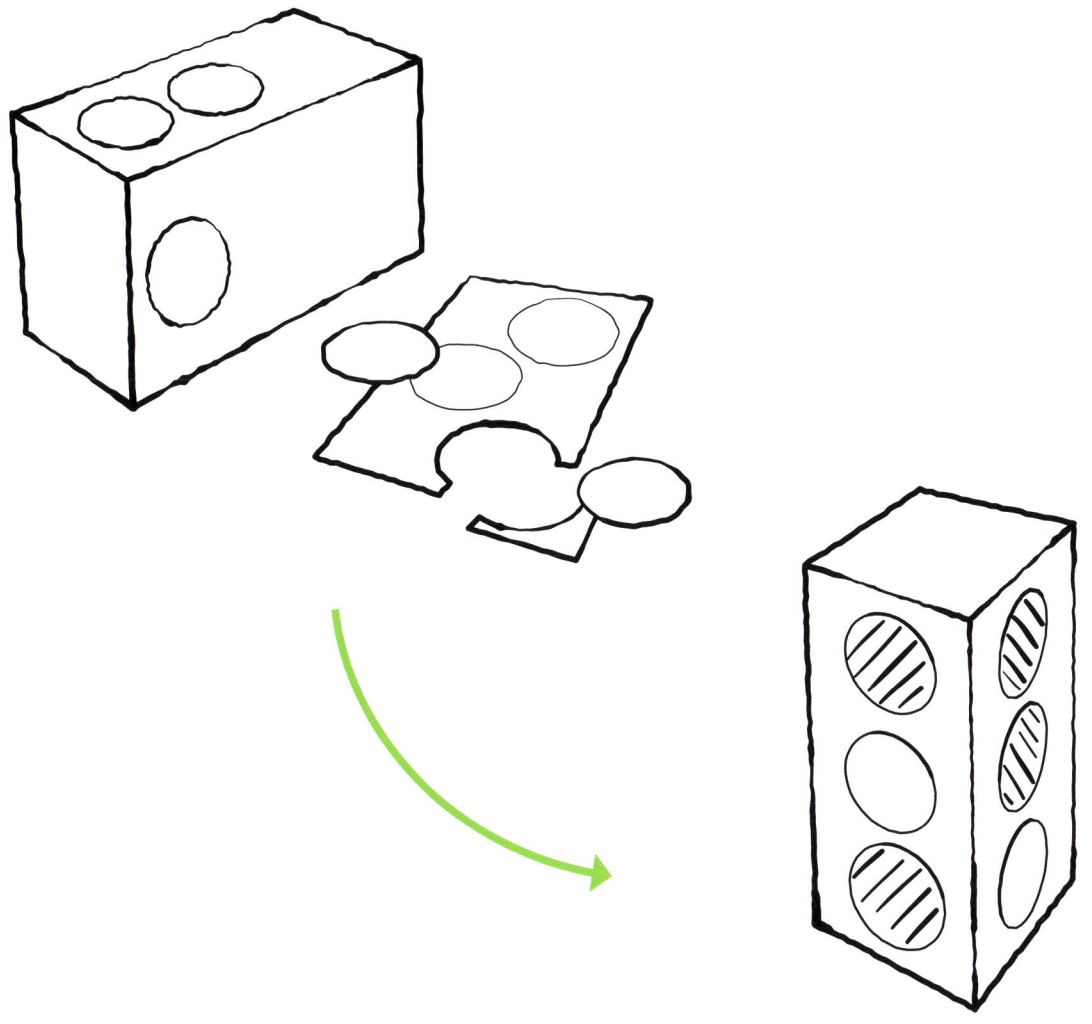

Für ältere Kinder
Ältere Kinder brauchen mehr Spielregeln, zum Beispiel mit Straßen und Wegen, Verkehrsregeln und so weiter.

Schuhkarton-Flipper

Natürlich machen die blitzenden Lichter, die Musik und das verlockende Klingeln beim Flippern besonderen Spaß. Aber vor allem geht es den Spielern doch um die Koordination und das Timing.

Dieses DIY-Flipperspiel wird aus einem Schuhkarton gebastelt. Wenn das Spiel zu Ende ist, landet es wieder im Schuhschrank.

Material
(Für ein Spiel)

+ Schere
+ 2 Bögen selbstklebendes Moosgummi oder einfaches Schaumgummi
+ Karton, um die Schaumgummiteile zu stabilisieren
+ Klebstoff (wenn kein selbstklebendes Moosgummi verwendet wird)
+ 6 stumpfe Bleistifte mit Radiergummi am Ende
+ 1 angespitzter Bleistift
+ Deckel von 1 Schuhkarton
+ Klebeband
+ 1 Murmel oder 1 kleiner Flummy

Einen Schaumstoffstreifen etwa 2,5 cm breit und 12,5 cm lang zuschneiden. Wenn der Schaumstoff nicht gut die Form behält, einen Kartonstreifen 2,5 cm breit und 5 cm lang zuschneiden. Die Schutzfolie abziehen oder den Schaumstoff mit einer dünnen Schicht Klebstoff bestreichen, einen stumpfen Bleistift längs durch den Schaumstoff stecken, bis nur noch der Radiergummi herausschaut. Den Schaumstoff um den Bleistift und evtl. den Kartonstreifen falten. Die anderen stumpfen Bleistifte genauso mit Schaumstoff umkleiden, sodass „Flipper" entstehen.

Mithilfe des angespitzten Bleistifts Löcher in den Deckel stechen, sodass die Flipper eingesetzt werden können, die von unten bewegt werden.

An jedem Ende ein Tor anbringen.

Gespielt wird mit den Flippern, um die Kugel in das gegnerische Tor zu schießen.

Wer als erster fünf Mal das Ziel trifft, hat gewonnen.

Für jüngere Kinder

Dieses Spiel lässt sich mit nur einem Tor auch gut alleine spielen. Die Kinder können ausprobieren, welchen Flipper sie brauchen, um den Ball zu bewegen. Dabei entsteht auch ein besseres Verständnis für Ursache und Wirkung.

Eine Bewegung unterhalb der Schachtel verändert die Bewegung der Kugel in der Schachtel. Wenn statt der Bleistifte Buntstifte verwendet werden, sieht man besser, welcher Stift was bewirkt.

Für ältere Kinder

Wenn die Schachtel im Voraus gebaut wird und jeder Spieler eine bestimmte Anzahl Flipper bekommt, wird das Fußballspiel interessanter und fairer. Mit einer größeren Schachtel, die auf zwei Stuhllehnen aufgelegt wird, macht es noch mehr Spaß.

Teamspiele mit einem Stretchband

In der Highschool habe ich einmal an einem großartigen dreitägigen Teambuilding-Kurs teilgenommen. Wir überwanden Mauern, absolvierten Hindernisparcours und fingen einander auf. Es war himmlisch.

Familien sind die Teams schlechthin: von Geburt an dazu bestimmt, zusammenzuarbeiten. Diese Spiele mit einem Band aus elastischen T-Shirt-Streifen können helfen, dies noch besser und bewusster wahrzunehmen.

Material

+ STRETCHMATERIAL, Z.B. ALTE T-SHIRTS ODER SPORTMATERIAL
+ EVTL. NÄHMASCHINE

TIPP

Haben Sie zwei Kinder, die sich ständig streiten? Mit Aktivitäten wie diesen können Sie die beiden als Team gegen die Erwachsenen zusammenspannen und beobachten, ob auf diese Weise Differenzen überwunden werden.

Mit Streifen von alten T-Shirts oder gekauftem Stretchmaterial ein Band herstellen, das 30–45 cm breit und ca. 3,5 m lang ist. Die Enden zusammennähen oder -knoten, sodass ein Kreis entsteht. Hauptsache, das Band kann nicht reißen, denn es wird ziemlich stark beansprucht.

Die Teilnehmer (3–4 Personen) auf einer weichen Spielunterlage (z.B. auf dem Rasen im Garten) versammeln.

Einer ist der Coach und gibt die Anweisungen, die anderen begeben sich in den Kreis und nehmen das Band auf Taillenhöhe.

Zunächst einmal werden die Kinder versuchen, innerhalb des Bandes in unterschiedliche Richtungen zu laufen. Es dauert einen Moment, bis das aufhört.

Spiele mit dem Stretchband

- **Taxi** Wenn die Teilnehmer ein unterschiedliches Alter haben, wird das jüngste Kind zum Taxifahrer bestimmt. Der Fahrer läuft so schnell wie möglich in eine Richtung, während die anderen Kinder von der anderen Seite des Bandes her versuchen, den Fahrer abzubremsen, ohne dass er hinfällt.

- **Formen gestalten**: Rufen Sie den Kindern eine Form zu und beobachten Sie, wie die Kinder versuchen, sie darzustellen. Je nach Zahl der Kinder kann das ein wenig Gleichgewichtssinn und Nachdenken verlangen.

- **Hindernisrennen**: Stellen Sie ein paar Hindernisse auf, die die Teilnehmer überwinden müssen, um gemeinsam über die Ziellinie zu kommen.

- **Big Boss:** Ein Coach ruft die Richtungen aus: Nach rechts, links herum drehen, ein anderer nach vorn, rückwärts gehen und so weiter. Die Teilnehmer folgen den Kommandos, das Band darf dabei aber nicht runterrutschen.

- **Bandziehen:** Alle Teilnehmer versuchen, von der Mitte wegzustreben, aber nur so stark, wie der schwächste Teilnehmer dagegenhalten kann. Die Herausforderung besteht darin, die richtige Kraftanwendung auszuprobieren.

Für jüngere Kinder

Je dehnbarer das Material, desto mehr unerwartete Kraft kann das Band entwickeln. Wenn der Größenunterschied der Teilnehmer sehr groß ist, muss ein älteres Kind oder ein Erwachsener aufpassen, dass der kleinste Teilnehmer nicht überrannt wird. Am besten ist es, das kleinste Kind mit dem Ausrufen von Anweisungen oder dem Anführen der Gruppe zu betrauen.

Für ältere Kinder

Ältere Kinder können jüngere coachen oder als Partner dienen. Wenn nur ältere Kinder mitspielen, können die Anweisungen oder Hindernisse komplizierter werden. Damit wird auch die Kommunikation im Team immer wichtiger.

Sie können dieses Spiel auch mit dem Ampelspiel von Seite 136 kombinieren.

Dosenwerfen

Meine Kinder machen gerne Krach. Egal, wie oft ich ihnen sage, sie sollen leiser sein, irgendwann muss ich sie rausschicken, damit sie die ganze Lärmenergie loswerden. Und diese Neigung verbindet sich mit dem angeborenen Bedürfnis, mit Sachen zu werfen. „Im Haus wird nicht geworfen", lautet meine tägliche Ermahnung. Dieses Spiel greift beide Neigungen auf und macht aus dem Inhalt unserer Recycling-Tonne ein musikalisches Spiel.

Wir verwenden Blechdosen als Ziel für Löffel, die geworfen werden und einen schönen Ton erzeugen, wenn sie treffen.

Material

+ Leere, saubere Blechdosen in verschiedenen Formen und Grössen
+ Sandpapier oder breites, kräftiges Klebeband
+ Nagel
+ Hammer
+ Seil
+ Bolzen
+ Sehr viele kleine Eislöffel
+ Farbe und Material zum Verzieren

Die Innenseiten der Dosen von scharfen Kanten befreien, indem sie mit Sandpapier abgeschliffen oder mit Klebeband abgeklebt werden. Mit Nagel und Hammer je ein Loch in die geschlossene Unterseite der Dose schlagen. Ein Ende des Seils durchziehen und den Bolzen in der Dose ans Seil binden. Mithilfe eines Eislöffels den Bolzen so fixieren, dass er frei schwingt wie in einer Glocke.

Auf diese Weise verschiedene „Glocken" herstellen, die dann auch noch mit Farbe, Aufklebern und Klebebandstreifen verziert werden können. Die Glocken aufhängen.

Für jüngere Kinder

Jüngere Kinder können einfach mit einem Stock die Glocken anschlagen. Für sie wird es auch einfacher, wenn die Glocken nah beieinander aufgehängt sind. Ermuntern Sie Ihre Kinder, ein Muster oder einen Rhythmus zu schlagen oder ein Lied zu komponieren, eventuell mit einem Partner.

Für ältere Kinder

Hängen Sie die Glocken draußen, z.B. an Bäumen auf. Auch eine Leiter oder ein Zaun können dabei gute Dienste tun. Alle Spieler bekommen nun die gleiche Menge Eislöffel, stellen sich in einigem Abstand zu den Dosen auf und versuchen die Dosen zu treffen. Wenn die Glocke erklingt, gibt das einen Punkt. Ein Schelm, wer Böses dabei denkt. Wer als Erster alle Löffel aufgebraucht hat, ist Sieger.

Großes Spielzeugwerfen

Sind alle Spielzeugkisten bei Ihnen im Haus explodiert?

Keine Angst, jetzt kommt das große Spielzeugwerfen. Bei diesem Spiel arbeiten Ihre Kinder zusammen und räumen auf, ohne zu klagen. Die Kinder können zu zweit oder in Mannschaften spielen.

- - - - - - - - - - - - - - - - - -

Material
+ 2 KOPFKISSENBEZÜGE
+ STOFFTIERE
+ WASCHKORB ODER SPIELZEUG-
  KISTE

TIPP
Wenn Sie aus dem Aufräumen ein Spiel machen, wird auch diese eher ungeliebte Tätigkeit Ihren Kindern Spaß machen. Wir haben auch ein paar Aufräumlieder gedichtet, die wir mit unseren Vorschulkindern singen, damit sie wissen, jetzt ist Arbeitszeit.

Zwei Kinder halten die Ecken eines Kopfkissenbezugs, der wie ein Sprungtuch das Spielzeug hält. Sie werfen das Spielzeug in die Luft und versuchen, es in den Wäschekorb oder die Spielzeugkiste zu transportieren.

Albernes Spiel für zwei Kinder
Zwei Kinder versuchen, alle Stofftiere ins Ziel zu bringen. Wer sein Spielzeug ins Ziel bringt, bekommt einen Punkt. Wer schafft es, am wenigsten vorbeizuschießen?

Großes Spielzeugwerfen für vier Kinder
Bilden Sie zwei oder mehr Mannschaften. Mannschaft A verlangt ein Spielzeug von Mannschaft B und wirft dieses Spielzeug, ohne es zu berühren, mithilfe des Kopfkissenbezugs in die Spielzeugkiste. Mannschaft B versucht, das Spielzeug mit ihrem Kopfkissenbezug zu fangen und selbst in die Spielzeugkiste zu werfen.

Um das Spiel noch schwieriger zu machen, stellen Sie zwei Wäschekörbe oder Spielzeugkisten an beiden Enden des Raums auf. Jede Mannschaft versucht, so viele Spielzeuge wie möglich in ihr Ziel zu bringen. Die eigenen Tiere müssen ins eigene Ziel, die Tiere der anderen Mannschaft in das andere Ziel.

Für jüngere Kinder
Machen Sie aus dem Kopfkissenbezug ein Spielzeugtrampolin, ganz ohne Ziel, nur zum Spaß.

Für die jüngsten Teilnehmer können Sie das Spielzeug auch unter dem Kopfkissenbezug verstecken und Kuckuck spielen.

Für ältere Kinder
Die Mannschaften können komplizierte Hindernisparcours bauen oder neue Regeln erfinden. Beispielsweise muss das Spielzeug auf dem ersten Trampolin drei Mal aufkommen und dann weitergeworfen werden. Der Kreativität sind dabei keine Grenzen gesetzt, die neuen Regeln werden überraschend kompliziert ausfallen.

Was passiert?

Tief in uns drin wollen wir zu gern mal etwas anstellen. Unordnung machen, eine richtige Katastrophe. Einfach nur, um zu sehen, was passiert, wenn ... Wir lieben Kettenreaktionen, würden den Naturgesetzen gern trotzen oder das Unvermeidliche aufhalten. Dieser Wunsch ist in den meisten Menschen sehr stark verankert.

Mit diesem einfachen Spiel aus Küchenutensilien und Recyclingmaterial können alle Familienmitglieder mit angehaltenem Atem zuschauen und versuchen die Katastrophe aufzuhalten.

Material

+ Wattebäusche oder Packchips
+ 1 grosses Durchschlagsieb
+ Pfeifenreiniger oder Holzspiesse
+ Unterlage für das Sieb, z.B. Bücher oder Holzklötze

Geben Sie eine etwa 10 cm hohe Schicht Wattebäusche oder Packchips in das Sieb. Schieben Sie Pfeifenreiniger durch die Öffnungen des Siebs, sodass sie auf der anderen Seite wieder herauskommen. Verwenden Sie so viele Pfeifenreiniger, dass das Sieb umgedreht werden kann, ohne dass die Wattebäusche herausfallen. Drehen Sie das Sieb dann tatsächlich um und legen Sie Bücher oder Blöcke so darunter, dass man die Unterseite des Siebs sieht.

Jeder Spieler darf nun einen Pfeifenreiniger herausziehen. Wenn dabei Wattebäusche herausfallen, bekommt sie der betreffende Spieler. Am Ende des Spiels hat derjenige gewonnen, der die wenigsten Wattebäusche hat.

Für jüngere Kinder

Kümmern Sie sich nicht um die Anzahl der herausfallenden Wattebäusche und lassen Sie die Kinder einfach dabei zusehen, wie ihr Tun eine Wirkung erzielt. Die Jüngsten haben auch ohne Spielregeln Spaß daran. Wenn Ihre Kinder noch Sachen in den Mund stecken, spielen Sie „einfädeln" und lassen Sie sie ihre Feinmotorik trainieren, indem sie Pfeifenreiniger in die Sieblöcher stecken.

Für ältere Kinder

Ältere Kinder können neue Regeln erfinden oder sich zum Ziel setzen, möglichst viele Pfeifenreiniger herauszuziehen, ohne dass überhaupt etwas herunterfällt.

Spiele mit Wasserbomben

Mit ein paar Handgriffen werden aus Schwämmen tolle Spielzeuge für eine ganze Reihe von Wasserspielen. Wir haben immer wieder Spaß an Wasserbomben in der Badewanne, beim Wasser-Völkerball und anderen Spielen.

Bei diesem Spiel wird eine Wasserbombe gebaut, und einige Spielvorschläge gibt's gleich dazu.

Material
(Für eine Wasserbombe)

+ SCHERE 5 SCHWÄMME IN VERSCHIEDENEN FARBEN
+ PAKETSCHNUR

Die Schwämme längs durchschneiden. Die meisten Schwämme ergeben drei oder vier Streifen. Die Hälfte der Schwämme aufstapeln, die Farben dabei mischen. Die Paketschnur sehr fest um die Mitte des Stapels binden. Beim Verknoten sollten die Schwammstreifen sich wie ein großer Pompom aufplustern.

Jetzt brauchen Sie nur noch einen Eimer Wasser und ein paar Kinder, dann kann der Spaß beginnen.

Wasser-Völkerball
Die Kinder müssen versuchen, ihre Freunde mit den nassen Schwammbällen abzuwerfen.

Abzählreime
Viele Abzählreime eignen sich sehr gut für ein Wasserspiel. Wer „raus" ist, wird mit dem nassen Schwamm markiert.

Malerei im Stil von Pollock
Mehrere Eimer werden mit Straßenkreide (Seite 77) gefüllt. Die nassen Schwammbälle kommen in die Eimer. Wenn ein Kind mit einer Farbe malen will, wirft es den Schwamm aufs Pflaster oder zieht ihn darauf entlang. Wenn das Spiel zu Ende ist, spritzen Sie Ihre Kinder und die Straße mit dem Wasserschlauch ab.

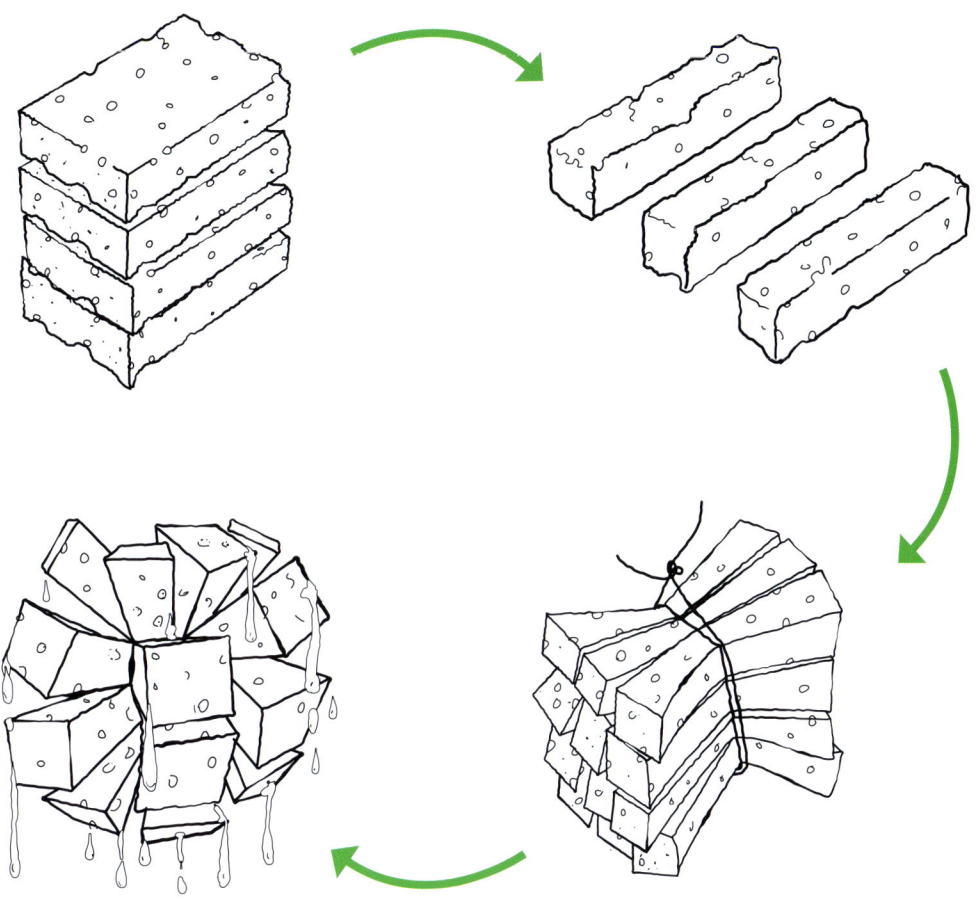

Für jüngere Kinder

Schwammstreifen von unterschiedlicher Größe ergeben auch unterschiedliche Texturen der Wasserbomben. Experimentieren Sie damit. Auch mit zerschnittenen alten Geschirrtüchern, Filz und Fleece können Wasserbomben hergestellt werden. Im trockenen Zustand werden großartige Tastspielzeuge daraus, die gut in jeder Wickeltasche Platz finden und ein kleines Kind lange beschäftigen können..

Werfen Sie ein paar dieser Wasserbomben in die Badewanne, damit das Baden mehr Spaß macht.

Stellen Sie einen Eimer an die Tür und empfangen Sie Ihre Kinder nach der Schule mit der Einladung zu einer Wasserschlacht. Der Erfolg ist Ihnen sicher.

(Kapitel 4)

FÜR KLEINE FORSCHER

Naturwissenschaft ist nichts anderes als ein Spiel mit der Neugier. Sie betrachtet etwas ganz Gewöhnliches und erforscht das Warum und Wie dahinter. Der natürliche Forscherdrang von Kindern kann gefördert werden, wenn ihre Fragen immer neue Forscherspiele beflügeln.

Hollys Tipp: Ich staune immer wieder über die Zauberkraft von Essig und Backpulver. Deshalb sind meine Lieblingsaktivitäten in diesem Kapitel der Sandkasten-Vulkan (Seite 175), die Sprudelfarbe (Seite 165) und die Brause-Straßenfarbe (Seite 162).

Rachels Tipp: Von allen naturwissenschaftlichen Experimenten, die wir über die Jahre hin durchgeführt haben, erinnern sich meine Kinder am besten an die „nackten Eier" (Seite 173). Da konnten sie eine Zelle ganz konkret berühren, sehen, fühlen und erfahren. Ich finde es toll, wie sehr Naturwissenschaft die Neugier und den Respekt für die Welt um uns herum fördern kann.

Archäologische Ausgrabungen mit superweichem Teig

Die Suche nach Schätzen befriedigt grundlegende Sehnsüchte des Menschen. Die Freude am Entdecken ist immer da, ob es sich nun um echte prähistorische Knochen handelt oder um ein Spielzeugtier, das in Knetmasse eingebettet ist. Dieser selbst gemachte Teig gefällt mir besonders gut. Er duftet gut und ist weich – das perfekte Medium für eine Ausgrabung.

Material
(Für eine Ausgrabungsstätte)

+ 1 Mittelgrosse Schüssel
+ Etwa 120 ml Haarspülung (siehe Tipp)
+ Etwa 130 ml Maisstärke (Mondamin)
+ Eventuell Glitter und Lebensmittelfarbe
+ 1 Backblech
+ Kleine Spielzeugfiguren, z.B. Dinosaurier
+ Archäologische Werkzeuge, z.B. Rührstäbchen vom Kaffee, Zahnstocher und/oder Löffel

In der Schüssel Haarspülung und Maisstärke mischen, bis die Mischung die Konsistenz von Knetmasse hat. Die Menge ist abhängig von der Haarspülung, normalerweise brauchen sie geringfügig mehr Stärkepulver als Lotion. Wenn die Mischung zu klebrig ist, geben Sie noch Stärke dazu, wenn sie bröselt oder hart erscheint, geben Sie mehr Haarspülung dazu.

Das Mischen der Zutaten ist schon der halbe Spaß. Wenn es funkeln soll, geben Sie etwas Glitter dazu. Sie können den Teig auch mit Lebensmittelfarbe einfärben. Die Masse lässt sich in einem luftdicht verschlossenen Beutel aufbewahren. Geben Sie etwas Öl dazu, bevor sie wieder verwendet wird.

Zur Vorbereitung der Ausgrabung die Spielzeugfiguren auf ein Backblech legen. Den weichen Teig darüber geben. Dann werden die Spielzeugfiguren vorsichtig wieder ausgegraben, wobei möglichst wenig Teig an ihnen hängen bleiben soll. Dazu werden die verschiedenen Werkzeuge benutzt.

Für jüngere Kinder
Geben Sie zusätzlich einen Esslöffel Öl in den Teig, dann löst er sich leichter von den ausgegrabenen Gegenständen..

Für ältere Kinder
Lassen Sie sie mehrere Teigportionen herstellen, um herauszufinden, ob man die Ausgrabung besser in feuchtem oder krümeligem Teig durchführen kann.

TIPP
Haben Sie noch alte Sonnencreme oder -milch vom letzten Jahr im Schrank? Die können Sie ebenso verwenden wie die im Rezept angegebene Haarspülung.

Eine Brücke aus Büchern

Jeder, der schon einmal mit Holzklötzen gebaut hat, kennt die Faszination von Brückenarchitektur. *Wie kann eine Brücke diese Distanz überspannen, ohne ins Wasser zu fallen?* Stundenlang kann man daran herumprobieren, immer in der Hoffnung, eine Antwort zu finden.

Für dieses Spiel haben wir das Material immer zur Hand. Wir nehmen die Bücher, die gerade da sind, und zwei Esszimmerstühle, um unsere Brücke zu errichten. Wenn Kinder damit spielen und die Bücher probehalber immer wieder neu platzieren, lösen sie unbewusst komplexe mathematische Probleme. So können sie verschiedene Arten von Brücken bauen (mit Pfeilern, Spannkonstruktionen und Hängeseilen) und herausfinden, was am besten funktioniert.

Material

+ 25 ODER MEHR BÜCHER MIT FESTEM EINBAND
+ 2 STÜHLE

Schauen Sie sich bei der nächsten Autofahrt mit Ihrem Kind eine Brücke ganz genau an. Diskutieren Sie die Konstruktion der Rampe. Wieder zu Hause, bauen Sie die Brücke nach, indem Sie mit der Rampe beginnen und sich nach und nach zur Mitte vorarbeiten, ohne dass die Bücher herunterfallen.

Für jüngere Kinder

Jüngere Kinder können eine kürzere Brücke auf dem Boden bauen und mit einer Spannweite von etwa einer Buchlänge experimentieren.

Bringen Sie Ihre kostbaren Bücher in Sicherheit und verwenden Sie zunächst einmal die Kinderbücher. Kleine Kinder lassen beim Bauen die Bücher immer wieder fallen und knicken die Seiten. Sie sollten ihnen also nur Bücher geben, die keinen Schaden nehmen können oder bei denen es nichts ausmacht.

Für ältere Kinder

Zur Abwechslung können Sie verschieden große Stühle verwenden und beobachten, wie Ihr Kind das Problem unterschiedlicher Spannweiten löst.

Die Stärke der Brücke lässt sich testen, indem man einen Turm an ihrer höchsten Stelle baut. Diese zusätzlichen Bücher bringen einiges Gewicht mit. Wie viel hält die Brücke aus?

Wenn Sie eine große Bibliothek besitzen, geben Sie Ihrem Kind die Möglichkeit, mithilfe von drei Stühlen und vielen Büchern die ganze Küche zu durchqueren. Die Aufgabe darf ruhig ein ganz kleines bisschen unmöglich aussehen.

CD-Kreisel

Nicht ohne Grund sind Kreisel ein beliebtes Spielzeug, seit es Kinder gibt. Sie sind aus allen möglichen Materialien leicht herzustellen, und sie sind zeitlos cool.

Diese moderne Version dreht sich ganz leicht um eine Achse aus einer Glasmurmel. Der Kreisel bleibt so lange stehen, wie die Trägheit die Geschwindigkeit erhält. Bei diesem Projekt geht es vor allem ums Zusammenbauen. Kinder lernen dabei Einiges über Farbtheorie und die Art, wie unser Gehirn automatisch Farben vermischt. Faszinierend!

Material

+ 1 KLEINE GLASMURMEL
+ MODELLIERMASSE, ETWAS SO VIEL WIE ZWEI STREIFEN KAUGUMMI
+ 1 ALTE CD
+ EVTL. PERMANENT-MARKER
+ EVTL. AUFKLEBER

TIPP

CDs sind auch gute Reflektoren. Wenn Ihr Kind mit einer Taschenlampe die drehende CD anleuchtet, tanzt das Licht an der Decke. Geben Sie einen Zielpunkt an der Wand vor, der vom Licht getroffen werden soll, und lassen Sie sie herausfinden, wie sie das Licht dorthin richten können. Erzählen Sie ihnen von Einfalls- und Ausfallswinkeln und versuchen Sie gemeinsam vorherzusagen, wohin der Lichtstrahl fällt, wenn Sie die Position der Taschenlampe verändern.

Die Glasmurmel in ein rundes Stück Modelliermasse (etwa 2,5 cm Durchmesser) stecken und in das Loch der CD einpassen. Die Murmel sollte möglichst weit aus der Modelliermasse herausragen und nicht bedeckt sein. Den Kreisel auf eine glatte Oberfläche setzen, ausbalancieren und drehen. Und los geht's!

Farbmischung

Mit Markern wird die eine Hälfte der CD mit einer Primärfarbe (Rot, Gelb oder Blau), die andere Hälfte mit einer zweiten Primärfarbe bemalt. Wenn der Kreisel sich dreht, ergibt sich eine Sekundärfarbe, weil das Gehirn die Farben mischt.

Kreiselmarathon

Wer kann den Kreisel am längsten in Drehung halten? Erklären Sie Ihrem Kind, wie die Fliehkraft die Schwerkraft ausschaltet. Solange die Kraft der Drehung größer ist als die Schwerkraft, wird die CD nicht kippen.

Für jüngere Kinder

Jüngere Kinder können die Handbewegung üben, die den Kreisel in Bewegung setzt. Wenn sie das noch nicht schaffen, lassen Sie sie einen sich drehenden Kreisel stoppen. Das macht ihnen viel Spaß.

Für ältere Kinder

Lassen Sie die Kinder mehrere Kreisel bauen und in Bewegung setzen, sodass sich möglichst viele gleichzeitig drehen. So lernen sie vorherzusehen, welcher Kreisel langsamer wird und ihre Aufmerksamkeit braucht.

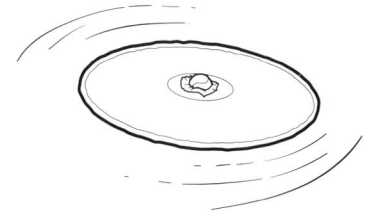 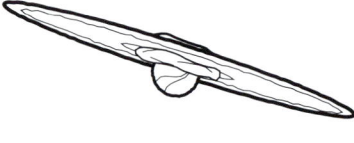

Kompostsuppe

Eine meiner Lieblingsgeschichten als Kind hieß „Steinsuppe". Leider gibt es sie nicht auf Deutsch. Es geht in dieser Geschichte darum, dass Zutaten, die für sich genommen nicht viel hermachen, gemeinsam ein Festmahl werden können. An diese Geschichte muss ich immer denken, wenn wir Kompostsuppe machen. Jede einzelne Zutat ist Abfall, aber zusammengenommen ergeben sie eine wunderbare „Suppe" für die Regenwürmer.

Mit dieser Aktivität können Kinder wirklich am Vorgang des Kompostierens teilhaben und etwas herstellen, was jedem Garten nützt. Vier Dinge brauchen kompostierende Organismen, um ihr Wunderwerk zu vollbringen: Kohlenstoff (braune, trockene Stoffe), Stickstoff (nasses Grünzeug und farbige Stoffe), Sauerstoff (kräftig vermischen, damit Luft hineinkommt) und Wasser (aus der Gießkanne).

Material
+ 1 MÖGLICHST GROSSE SCHÜSSEL ODER WANNE
+ MEHRERE LÖFFEL UND SCHÖPF-KELLEN
+ ERDE
+ GRASSCHNITT
+ SÄGEMEHL
+ EIERSCHALEN
+ GEMÜSEABFÄLLE
+ RÜCKSTÄNDE AUS DEM ABLUFT-SIEB DES WÄSCHETROCKNERS
+ KAFFEESATZ
+ TROCKENE BROTKRÜMEL
+ WEITERE KOMPOSTIERBARE STOFFE
+ WASSER

Im Garten eine große Schüssel oder Wanne aufstellen. Die Löffel und Schöpfkellen sowie den Eimer mit Speiseabfällen mitnehmen.

Denken Sie quer, wenn es um Kompostieren geht. Wir haben auch Baumwollstoff, Papprollen vom Toilettenpapier, alte Süßigkeiten und tausend andere Dinge darin. All das ist Futter für die Pflanzen und Regenwürmer und sorgt dafür, dass unsere Mülltonne nicht zu voll wird.

Alle Zutaten mit Wasser zu einer wunderbar dreckigen Kompostsuppe vermischen, vermatschen und verrühren. Dann wird die Suppe den Würmern serviert. Wir benutzen dafür alte Tassen und feiern eine Teeparty für die Würmer.

Für jüngere Kinder
Sie können die Aufgabe bekommen, die Familie an kompostierbare Materialien zu erinnern, bevor sie im normalen Hausmüll landen. Das können sie wirklich gut!

Für ältere Kinder
Ältere Kinder können ihre eigene Kompostmischung entwickeln und in ihrem eigenen Beet verteilen, um zu sehen, ob die Pflanzen damit besser wachsen.

Korkboote auf einem Alufolienfluss

Bei dieser Aktivität lernen Kinder unbewusst einiges über Wasserverdrängung und wie man ein Boot für verschiedene Zwecke richtig konstruiert. Sie können Vermutungen anstellen und testen, welches Boot am besten schwimmt und welches kentert oder sinkt. Diese Korkboote sind so einfach, dass Sie eine ganze Flotte davon bauen können.

Material
+ MESSER
+ KORKEN – JEDER KORKEN ERGIBT 2 BOOTE
+ 1–2 ZAHNSTOCHER PRO BOOT
+ KRÄFTIGES KLEBEBAND
+ GUMMIBÄNDER
+ ALUFOLIE
+ EVTL. TRINKHALME

Für ein einfaches Segelboot den Korken längs halbieren, einen Zahnstocher in die Mitte stecken und ein Segel aus Klebeband daran befestigen.

Für ein Floß, das etwas Gewicht tragen kann, werden mehrere Korken mit Klebeband aneinandergeklebt. Auch hier werden aus Zahnstochern und Klebeband die Segel. Man kann hier Variationen ausprobieren. Wie viele Korken ergeben ein besonders stabiles Floß, in welcher Anordnung schwimmt das Floß am schnellsten?

Ein Fluss entsteht aus Alufolie, die an den Seiten eingerollt wird, sodass Sie Wasser hineingießen können. Trotzdem sollten Ihre Kinder mit dem Fluss lieber draußen spielen. Es ist auch eher ein See als ein Fluss, außer, Sie sorgen für ständigen Zu- und Ablauf. Die Korkboote können ins Wasser gesetzt werden.

Wie können die Boote den Fluss hinuntersegeln? Probieren Sie es mit Zugabe von Wasser an der einen Seite oder mit Pusten durch einen Trinkhalm. Stoppen Sie die Zeit, wie lange die Boote bis zur Ziellinie brauchen.

Für jüngere Kinder
Mit einer Tasse und Wasser können die Boote den Fluss hinuntergetrieben werden. Die Hände dienen als Motor.

Das geht auch gut in der Badewanne, allein oder zu zweit.

Für ältere Kinder
Ältere Kinder können mit Trinkhalmen eine Segelregatta auskämpfen, bei der die Konkurrenz auch buchstäblich aus dem Rennen geblasen werden kann.

Selbst gemachter Flummi

Die Zutaten für den Flummi sehen gar nicht so nach Sprungkraft aus. Schauen Sie sich die Grundmaterialien mal an: Maisstärke ist staubig und Kleber ist ... klebrig – von Springen keine Spur. Die Moleküle der Zutaten sind klein und unvollständig. Durch das Kneten und Erhitzen entstehen längere Molekülketten. Letztlich verbinden Ihre Kinder bei der Herstellung des Flummis nur die Moleküle miteinander.

Material
(Für 2 Flummis)

+ 4 EL (60ML) WARMES WASSER
+ 2 AUSRANGIERTE TASSEN
+ 1 AUSRANGIERTER LÖFFEL, ZUM VERRÜHREN
+ 2 EL (30ML) KLEBER
+ 2 EL (16G) MAISSTÄRKE (MONDAMIN)
+ EVTL. LEBENSMITTELFARBE
+ MESSLÖFFEL

TIPP

Die Zutaten und das Rezept für den selbst gemachten Flummy sind ein tolles Geschenk. Verpacken Sie es in einem kleinen Plastikeimer.

Eine andere Art, einen Flummi selbst zu machen, besteht darin, Abschnitte von Luftballons ineinander zu stopfen, bis ein Ball entsteht. Diese Flummis springen gut, wenn auch etwas unberechenbar. Und sie sind lange haltbar.

Alle Zutaten in einer Schüssel verrühren und in den Zip-Lock-Beutel geben. Den Beutel gut verschließen. In die Mikrowelle geben und einige Sekunden erhitzen. Dabei gut aufpassen: Wenn sich der Beutel aufbläht, muss die Mikrowelle sofort abgeschaltet werden.

Ein paar Minuten warten, dann den Beutel vorsichtig herausnehmen. Die Masse noch etwas abkühlen lassen, dann aus dem Beutel nehmen, in zwei Portionen aufteilen und zu Flummis kneten.

Die Flummis in einem verschließbaren Plastikbeutel aufbewahren. So halten sie sich ein paar Tage.

Für jüngere Kinder
Jüngere Kinder haben Spaß daran, den Ball zu werfen und springen zu lassen. Bei wem springt er am höchsten?

Für ältere Kinder
Ältere Kinder können mit unterschiedlichen Größen experimentieren. Welche Größe springt am besten? Und was passiert, wenn man die Zutaten verändert? Mit verschiedenen Formen?

Sprudelnde Straßenfarbe

Dieses Spiel übertrumpft normale Straßenkreide durch einen Zusatz an Naturwissenschaft. Denn diese Farbe auf Kreidebasis sprudelt! Das hat mit dem pH-Wert zu tun: Wenn basische Lösungen mit einer Säure vermischt werden, gibt es Action.

Material

+ 1 GROSSE SCHÜSSEL
+ 450 G SODA
+ 60 G MAISSTÄRKE (MONDAMIN)
+ WARMES WASSER
+ BEHÄLTER FÜR DIE FARBE
+ LEBENSMITTELFARBE
+ PINSEL
+ 1 SPRÜHFLASCHE MIT ESSIGWASSER PRO KIND
+ WASSEREIMER ZUM WASCHEN

TIPP

Vorschulkinder, die noch nicht schreiben können, bekommen statt der Sprühflasche eine Bratenspritze mit Essig. Das Drücken und Halten stärkt die Fingermuskeln, die sie brauchen, wenn sie schreiben lernen.

Ein Eimer Wasser bringt das Kunstwerk wieder zum Verschwinden. Das macht mehr Spaß, als auf Regen zu warten.

In der Schüssel Soda und Maisstärke mischen. Das sehr warme Wasser zugeben und verrühren, bis die Mischung die Konsistenz von Pfannkuchenteig hat. Auf mehrere Behälter aufteilen, Lebensmittelfarbe zugeben.

Mit der Farbe auf dem Pflaster malen oder mit Pinseln spritzen. Dabei sollte man schnell arbeiten. Wenn die Farbe zu schnell trocknet, kann man sie aber mit ein wenig warmem Wasser verdünnen.

Wenn das Bild fertig ist, kommt der besondere Spaß: Mit Essig besprühen und aufpassen, was passiert. Denn jetzt spritzt und sprudelt das Kunstwerk.

Für jüngere Kinder

Wenn es den Kindern noch schwerfällt, mit dem Pinsel zu arbeiten, geht es auch mit einem Löffel. Die Jüngsten sollten nur unter Aufsicht mit der Essigflasche hantieren, denn der Essig kann in den Augen brennen.

Für ältere Kinder

Bei diesem Spiel lernen Kinder einiges über die Reaktion von Säuren und Laugen. Sprechen Sie mit ihnen darüber. Vielleicht haben Ihre kleinen Forscher Lust, das Rezept zu modifizieren, um größere Blasen und noch stärkere Sprudeleffekte zu erzielen.

Sprudelnde Farbtropfen

Soda und Essig sind ein spannendes Paar. Es ist einfach faszinierend zu sehen, was passiert, wenn Backsoda als Hintergrund für bunte Essigtropfen verwendet wird. Kinder können sich stundenlang damit beschäftigen. Soda ist basisch, Essig ist sauer. Wenn man sie mischt, entsteht Kohlensäure, die aber instabil ist und sofort zerfällt. Dabei kommt es zu den Kohlendioxid-Bläschen, die auch Limonaden zum Sprudeln und Brotteig zum Aufgehen bringen.

Dies ist ein gutes Spiel für Regentage. Wenn die Sonne scheint, kann man es aber auch mit nach draußen nehmen.

Material
+ 1 Backblech oder flacher Plastikbehälter
+ 450 g Soda
+ Plastikbecher
+ 250–500 ml Essig
+ Lebensmittelfarbe
+ Tropfpipetten, Plastikspritzen oder Bratenspritze

Das Backblech oder den Plastikbehälter mit einer 2,5 cm hohen Schicht Soda bedecken.

Den Essig auf mehrere Plastikbecher verteilen und die Lebensmittelfarbe hineingeben.

Mit einer Tropfpipette oder Ähnlichem den gefärbten Essig aufnehmen und auf die Soda-„Leinwand" tropfen. Sofort beginnt eine bunte Sprudel-Reaktion. Man kann mit den Farben spielen und immer neue Mischungen erzeugen.

Für jüngere Kinder
Wenn der Umgang mit Pipette oder Spritze noch schwerfällt, geht es auch mit einem medizinischen Gummiballon oder einem kleinen Löffel.

Sie können auch zuerst Tropfen aus Lebensmittelfarbe auf das Backblech fallen lassen und dann Soda darüberstäuben. Wenn das Kind dann mit einem kleinen Löffel Essig darauf tropfen lässt, sprudeln die Farben los.

Für ältere Kinder
Ältere Kinder können die Farbgebung bewusst steuern und ein flüchtiges Kunstwerk, z.B. einen Regenbogen, entstehen lassen. Vergessen Sie nicht, das Bild am Ende zu fotografieren.

Glitschiger Kopierer

Erinnern Sie sich an die Zauberknete Silly Putty? Man konnte damit aus der Zeitung kopieren, und wenn man es richtig anstellte, hatte man eine Kopie des Lieblings-Cartoons. Inzwischen werden Zeitungen mit anderer Farbe gedruckt, sodass die Kopien nicht mehr so schön werden, aber man kann das Erlebnis mit Bleistiftzeichnungen immer noch genießen.

Hier kommt ein Rezept für eine Masse, mit der man Bilder, Texte und Strukturen kopieren kann. Was für ein Spaß!

Material

+ 1 KLEINE SCHÜSSEL
+ 60 ML WARMES WASSER
+ 30 G MAISSTÄRKE (MONDAMIN)
+ 60–90 ML HOLZLEIM (WEISSLEIM)
+ FLÜSSIGE LEBENSMITTELFARBE
+ 1 ROBUSTER TK-BEUTEL MIT ZIP-LOCK
+ WEGWERF-LÖFFEL ZUM VERMISCHEN
+ BEDRUCKTES PAPIER ODER EIGENE ZEICHNUNGEN

Die Zutaten in dem TK-Beutel mischen. Am Anfang fühlt sich die Mischung klumpig an und zieht Fäden, aber nach ein paar Minuten Kneten hört das auf.

Die Mischung mindestens 30 Minuten stehen lassen. Die Stärke muss erst in Ruhe die Flüssigkeit aufnehmen. Dann kann man weiterkneten, bis die Masse die Konsistenz von Knete annimmt.

Die Masse flach ausrollen und auf bedrucktes Papier drücken. Das spiegelverkehrte Bild erscheint auf der Masse. Diesen Vorgang kann man mit vielen verschiedenen Texten, Zeitungen und eigenen Zeichnungen ausprobieren. Was funktioniert am besten? Bleistift, Marker, Füller? Kann man mit der Masse auch wieder auf Papier drucken?

Für jüngere Kinder

Das Rezept ist absolut ungiftig, es macht also nichts, wenn Ihr Kind die Masse in den Mund nimmt. Sie fühlt sich anders an als Silly Putty, funktioniert aber gut.

Für ältere Kinder

Verändern Sie das Mischverhältnis. Mit mehr Leim und Wasser, dafür weniger Stärke, wird ein Spielschleim daraus, in den Sie auch ein wenig Reis geben können, damit er sich noch gruseliger anfühlt. Mit mehr Stärke entsteht ein Flummi ähnlich dem von Seite 161.

TIPP
So können Sie die Knetmasse
länger und sauber aufbewahren,
bis Sie wieder damit spielen
möchten.

Aluboote

Die Frage, warum manche Dinge auf dem Wasser schwimmen, gibt Anlass zu vielen spaßigen Experimenten. So wird das Waschbecken oder die Badewanne zum Labor. Alles beginnt mit der Bauweise des Bootes und ihrer Erprobung. Dann kann man Veränderungen vornehmen und weiterexperimentieren.

Wasser hat eine bestimmte Dichte und übt Druck aus, der Dinge nach oben schiebt. Gleichzeitig versucht die Schwerkraft das Boot nach unten zu ziehen. Daraus ergibt sich ein „kosmischer Kampf", den wir Auftrieb nennen. Damit ein Boot nicht sinkt, muss die Schwerkraft überwunden oder die Kraft der Dichte genutzt werden.

Material
+ Kräftige Alufolie
+ Ein Glas mit Münzen
+ Waschbecken, Eimer oder Badewanne

Jeder Teilnehmer bekommt ein gleich großes Stück Alufolie und die Aufgabe, daraus eine schwimmende Konstruktion zu bauen. Die Prototypen können im Wasser getestet werden, dann werden sie durch weiteres Falten und Knautschen modifiziert. Und dann wird wieder getestet.

Anschließend legen die Teilnehmer nach und nach Münzen in ihr Boot, um zu sehen, wie viel Gewicht es tragen kann, bevor es sinkt. Wenn alle die gleichen Münzen benutzen, kann man leicht feststellen, welche Konstruktion am meisten Gewicht trägt.

Für jüngere Kinder
Das perfekte Badewannen-Experiment. Jüngere Kinder können mehrere Boote aus Alufolie bauen und versuchen, ihre anderen Badewannenspielzeuge darauf mitfahren zu lassen.

Für ältere Kinder
Lassen Sie Ihre Kinder vorher Vermutungen anstellen: Welche Bauart trägt am meisten Gewicht? Dann kommt der Test. So erfahren Kinder viel über das Thema Auftrieb.

Was passiert, wenn es Wellen gibt? Wenn es regnet? Wenn Wasser ins Boot eindringt?

Explodierende Milch

Bei diesem Spiel entstehen Kunstwerke aus Milch und Lebensmittelfarbe. Das Milchfett hält die Farbe fest, bis das Spülmittel die Oberflächenspannung auflöst. Dann schießt die Farbe geradezu durch die Milch. So kommen faszinierende Bilder zustande.

Material

+ VOLLMILCH (MIT SAHNE GEHT ES NOCH BESSER)
+ FLACHER TELLER
+ LEBENSMITTELFARBE IN VERSCHIEDENEN FARBTÖNEN
+ WATTESTÄBCHEN ODER ZAHNSTOCHER
+ SPÜLMITTEL
+ KARTON

Die Milch in den Teller schütten, nicht zu viel, der Boden des Tellers soll gerade bedeckt sein. Einige Tropfen Lebensmittelfarbe zugeben. Ein Wattestäbchen in Spülmittel tauchen und die Oberfläche der Milch leicht berühren. Die Farbe explodiert in der Milch. Dann ein Stück Karton vorsichtig auf die Milch legen. Das Farbmuster überträgt sich auf den Karton.

Um ein noch schöneres Bild zu bekommen, ein zweites Stück Karton auf die Farbschicht legen und wieder abnehmen. Es sollte richtig nass werden, bei diesem Projekt bleibt man nun mal nicht sauber. Weitere Farbe auf den Karton tropfen. Die Farbe sollte sich nicht zu sehr ausbreiten. Dann wieder ein Wattestäbchen in Spülmittel tauchen und in die Mitte des Farbtropfens tupfen. Die Farbe strebt von dem Wattestäbchen weg. So oft wiederholen wie gewünscht.

Wir waren ganz begeistert von den Bildern, die so entstanden.

Für jüngere Kinder

Die Farbtropfen sollte ein Erwachsener oder ein größeres Kind machen, der Umgang mit den Fläschchen ist nicht so einfach. Am Anfang sollten jüngere Kinder nur mit einer Farbe arbeiten.

Für ältere Kinder

Machen Sie ein Experiment daraus: Was passiert mit fettarmer Milch, Vollmilch und Sahne? Welcher Grundstoff hält die Farbe am besten? Bei welchem verbreitet sich die Farbe am leichtesten? Warum ist das so?

Die fertigen Bilder können weiter verschönert werden. Machen Sie Postkarten daraus!

Mit dieser Technik kann man bunte Leinwände herstellen, die weiter bemalt werden können. Lassen Sie die erste Farbschicht trocknen. Dann können die Kinder mit Markerstiften oder Wasserfarbe weitermalen.

Nackte Eier

Bei diesem Experiment bekommen Ihre Kinder eine Zelle in die Hand. Sie können die Hülle dieser Zelle sehen, mit den Fingern berühren, sogar öffnen und erforschen, wie die durchlässige Hülle Moleküle verteilt, sodass sie feucht bleibt.

Die Essigsäure löst das Kalziumkarbonat in der Eierschale auf. Am Ende des Experiments haben Sie ein nacktes Ei vor sich. Bereiten Sie am besten gleich drei oder vier Eier vor, denn am Anfang gehen sicher einige kaputt: Eier ohne Schale sind sehr empfindlich.

Material
+ 3–4 Eier
+ 1 grosse Glasschüssel
+ 250 ml Essig

TIPPS

Mit dieser Technik können Sie kleinen Köchen auch einen Streich spielen, indem sie nackte Eier in einen Eierkarton geben. Was für ein Schreck, wenn sie statt der normalen Eier große, weiche Eier vorfinden.

Noch eine Warnung: Nackte Eier sind durchaus essbar und galten früher sogar als Delikatesse. Aber aus Erfahrung können wir Ihnen sagen, sie schmecken scheußlich. Verwenden Sie sie nicht zum Kochen.

Dieses Experiment dauert einige Tage. Legen Sie die Eier in eine große Glasschüssel, am besten mit etwa 2,5 cm Abstand, denn die Eier werden größer, wenn die Schale sich auflöst. Etwa 2,5 cm hoch Essig in die Schüssel geben. Die Eier schwimmen darin. Fast sofort werden kleine Bläschen aufsteigen und die Eier sich drehen. Die Bläschen zeigen an, dass Gas entsteht. Die Eierschalen sind basisch, der Essig eine Säure, durch die Mischung wird Gas freigesetzt. Wenn Sie Frischhaltefolie über die Schüssel legen, sehen Sie, dass sie sich aufbläht.

Die Eier müssen drei Tage in dem Essig liegen, damit sich die Schale ganz auflöst. Dann wird die Haut sichtbar, und die Eier dehnen sich aus. Das geschieht, weil das Wasser aus dem Essig durch Osmose in das Ei eindringt.

Für jüngere Kinder
Geben Sie Ihrem Kind ein nacktes Ei in die Hand und lassen Sie es das Ei vorsichtig halten. Seien Sie nicht überrascht, wenn das Ei platzt, das passiert in diesem Zustand schnell.

Für ältere Kinder
Nehmen Sie ein nacktes Ei und legen Sie es in eine Zuckerlösung (Maissirup, stille Limonade, Saft). Warten Sie ab, was passiert, wenn das Ei einen Tag lang in der Zuckerlösung liegt. Es ist dann nämlich nicht mehr prall und rund, sondern fängt an zu schrumpfen und verfärbt sich braun. Das ist ein tolles Experiment, und es zeigt Ihrem Kind, was mit unseren Zellen passiert, wenn wir zu viel Zucker essen.

Ein Ozean in der Flasche

Jedes Jahr fahren wir an die Küste von North Carolina und genießen den Anblick der Wellen, die sich am Sandstrand brechen. Das Ozean-Experiment ist von diesem Erlebnis inspiriert.

Eine Welle transportiert Energie, kein Wasser. Das Wasser bewegt sich nicht, es lässt die Bewegungsenergie durch. Die Welle in der Flasche macht Spaß und ist faszinierend zu beobachten. Außerdem lernt man dabei viel über Wellen und Strömungen. Und das Spiel ist so schön ruhig, dass es sich gut für den Abend oder die Mittagsruhe eignet.

Material

+ EVTL. ETWAS NICHT-METALLISCHER GLITTER
+ 1 LEERE, SAUBERE PLASTIKFLASCHE MIT DICHTEM VERSCHLUSS
+ 1 HANDVOLL KLEINE MUSCHELN
+ BLAUE LEBENSMITTELFARBE
+ WASSER
+ GENUG BABYÖL, UM DIE FLASCHE HALB VOLL ZU MACHEN
+ KLEBSTOFF

TIPP

Dies ist eine schöne Stillbeschäftigung. Wenn Ihr Kind eine Weile dasitzt und beobachtet, wie die Wellen sich legen, nachdem die Flasche geschüttelt wurde, wird es automatisch ruhiger. Verabreden Sie, dass es wieder aufstehen kann, wenn der ganze Sand-Glitter wieder am Boden der Flasche liegt.

Geben Sie 1,5 cm hoch Glitter in die Flasche. Plastikglitter ist besser als Glitter aus Metall, der mit der Zeit rostet. Ein paar Muscheln dazugeben, dann die Flasche zur Hälfte mit blau eingefärbtem Wasser füllen. Mit Babyöl auffüllen. Etwa 2,5 cm Luft sollten oben bleiben.

Den Verschluss mit Klebstoff sichern, damit nichts ausläuft.

Die Flasche schütteln und den Wellen zusehen.

Wie beeinflusst die Erdumdrehung die Bewegung der Wellen im Meer? Wenn man die Flasche neigt und langsam dreht, kann man die Erdumdrehung simulieren. Was passiert mit den Wellen? Ähnliche Bewegungen entstehen bei den Gezeiten auf der Erde, wenn Mond und Sonne mit ihrer Anziehungskraft auf das Wasser einwirken.

Was passiert bei Bewegungen des Meeresbodens? Schlagen Sie mit der Handfläche unter den Boden der Flasche.

Für jüngere Kinder

Die Flasche ist eine schöne Erinnerung an die Ferien. Kleine Kinder können selbst entscheiden, was in die Flasche kommt: Sand und ein paar kleine Muscheln? Silberglitter? Wenn Ihr Kind die Flasche sieht, kommen die Ferienerlebnisse wieder ins Gedächtnis.

Für ältere Kinder

Zusätzlich zu einer Ozeanflasche können Sie mit einer zweiten Flasche auch die Erde aus Ihrem Garten untersuchen. Die Flasche wird mit Erde gefüllt bis 2,5 cm unter den Rand. Dann mit Wasser auffüllen und schütteln. Beobachten Sie, wie sich verschiedene Sedimentschichten bilden.

Sandkasten-Vulkan

Meine Söhne waren geradezu besessen von Vulkanen. Auf Fahrten mit dem Auto kommen wir oft an einem erloschenen Vulkan vorbei. Er ragt hoch aus der ansonsten flachen Landschaft empor und ist kilometerweit zu sehen. Jedes Mal gibt es heiße Diskussionen darüber, was passieren würde, wenn er doch noch einmal ausbräche. Ob er wirklich erloschen ist? Die Kinder sind nicht recht überzeugt.

Dieser harmlose Vulkan lässt sich im Sandkasten nachbauen und greift alle „Was wäre, wenn"-Überlegungen auf. Vielleicht haben Sie kein Magma zur Hand, aber mit Essig und Soda bestimmen Sie immerhin selbst, wann der Ausbruch stattfindet.

Material

+ 1 Trichter
+ 1 leere Plastikflasche mit sicherem Verschluss
+ Soda
+ 1 Spritzer Schlagsahne
+ Rote Lebensmittelfarbe
+ Sandkasten (es geht auch gut mit Gartenerde)
+ Essig

TIPP

Sie können das Experiment auch im Spülbecken oder in der Badewanne durchführen. Bauen Sie einfach einen Berg aus Alufolie.

Mithilfe des Trichters die Wasserflasche zur Hälfte mit Soda füllen. Etwas Schlagsahne und die Lebensmittelfarbe zugeben. Den Deckel auf die Wasserflasche schrauben und die Flasche in den Sandkasten bringen. So in einen Sandhaufen eingraben, dass nur noch der Flaschenhals herausschaut.

Wenn der Vulkan fertig gebaut ist, den Deckel von der Flasche abschrauben und den Essig hineinschütten. Jetzt fließt die Lava den Berghang hinunter. Achtung auf die Spielzeugautos, das Verhängnis naht!

Für jüngere Kinder
Erwachsene oder ältere Kinder können die Wasserflasche füllen, während jüngere Kinder den Vulkanberg vorbereiten.

Für ältere Kinder
Durch die Schlagsahne wird die Eruption weniger heftig und die Lava dickflüssig. Ältere Kinder können mit verschiedenen Lava-Konsistenzen experimentieren und so perfekte Naturkatastrophen auslösen.

Schatzsuche

Ich war mir immer sicher, dass ich irgendwann eine Schatzkarte finden würde. So eine auf vergilbtem, zerknittertem Pergament mit uralter, verblasster Tinte. In einer Ecke würde sich ein großes X finden: der Hinweis auf den Schatz, den ich ausgraben würde. Alle Piraten hatten die Suche schon aufgegeben, aber ich war ja hartnäckig, deshalb würde ich die Kiste mit dem Gold finden.

Bis jetzt ist dieser Fall noch nicht eingetroffen, aber in der Zwischenzeit können Sie den Nachmittagssnack als Gelegenheit für eine lustige Schatzsuche nutzen. Kinder lernen dabei Karten zu lesen, und diese Suchaktion wird sicher eine Lieblingsbeschäftigung für Ihre ganze Familie.

Material

+ Papier für die Schatzkarte
+ Markerstifte
+ Evtl. Klebepunkte
+ Snacks in Plastikbechern oder Papiertüten

Zeichnen Sie einen einfachen Grundriss Ihres Hauses oder Ihrer Wohnung mit einigen Details hier und dort – Herd, Ofen, Couch, Türen, ein Bücherregal … Wenn Sie die Karte wiederverwenden wollen, geben Sie sie in eine Plastikhülle und markieren Sie die Fundstellen der „Schätze" mit Klebepunkten. Bei einmaliger Verwendung können Sie die Fundstellen einfach ankreuzen.

Lassen Sie die Karte an einem Ort liegen, wo Ihre Kinder sie finden. Und dann warten Sie ab, was passiert.

Für jüngere Kinder

Zeichnen Sie nur ein Zimmer auf die Karte und helfen Sie beim Auffinden der Wegweiser.

Wenn Sie die Karte laminieren, können die Kinder sie immer wieder verwenden, um Spielzeug und anderes zu verstecken.

Für ältere Kinder

Gestalten Sie die Karte schwieriger oder geben Sie nur ein paar Richtungen, Wegweiser oder Kompassrichtungen an.

Funkelnde Badesteine

Die meisten Kinder lieben Steine, weil sie so einfach zu sammeln sind. Hier gehen wir einen Schritt weiter und stellen sprudelnde Badesteine selbst her.

Die Grundlage des Rezepts ist Epsom-Salz, das eigentlich gar kein Salz ist, sondern ein natürlich vorkommendes Mineral: Magnesiumsulfat. Als Badezusatz hat es nicht nur reinigende Eigenschaften, sondern es entspannt auch. Das Rezept kann mit unterschiedlichen Düften verändert werden.

Material
(Für etwa acht Badesteine)

+ 250 G Epsom-Salz (Drogerie-markt oder Internet)
+ Lebensmittelfarbe
+ 1 EL Soda
+ 1,5 EL Zitronensaft oder Wasser
+ Plastikbecher oder –schüsseln
+ 8 Wegwerfbecher
+ Plastiklöffel oder Rühr-stäbchen
+ Ätherisches Öl für den Duft (bitte keine künstlichen Duftöle)

Epsom-Salz, 4 Tropfen Lebensmittelfarbe, Soda und Zitronensaft in einem großen Becher oder einer Schüssel mischen. 1–2 Tropfen ätherisches Öl zugeben. Wenn mehrere Farben oder Düfte gewünscht werden, die Menge aufteilen.

Die Mischung etwas 5 cm hoch in die Wegwerfbecher drücken. Wenn Farbmischungen gewünscht werden, die Mischung schichtweise einfüllen. Mit einem Löffel andrücken und über Nacht trocknen lassen. Dann vorsichtig aus dem Becher drücken. Der Badestein ist fertig und kann beim nächsten Bad verwendet werden.

Luftdicht aufbewahren. In einem Schraubglas aufbewahrt, sind die Badesteine auch eine hübsche Dekoration fürs Badezimmer.

Für jüngere Kinder

Das Rezept ohne Duft herstellen. Und achten Sie bitte darauf, dass Ihre Kinder das Salz nicht in den Mund nehmen: Epsom-Salz ist nicht essbar. Sie können auch ausschließlich Soda verwenden. Dann werden die Steine nicht so schön, aber sie richten keinen Schaden an, wenn man sie in den Mund nimmt.

Für ältere Kinder

Mit etwas mehr Aufwand lassen sich auch sprudelnde Badesteine herstellen. Meine Vorschulkinder haben etwas herumprobiert, dann fanden sie zu ihrer großen Begeisterung eine Mischung, die die Steine zum Sprudeln brachte. Dazu verdoppelten sie die Menge Soda und gaben Vitamin-C-Pulver dazu.

Das Problem ist nur: Sie müssen genug Flüssigkeit zugeben, dass die trockenen Zutaten zusammenhalten und einen Stein ergeben, aber nur so viel, dass der Stein nicht vorzeitig anfängt zu sprudeln. Verwenden Sie also nur ganz wenig Wasser, drücken Sie die Zutaten in die Form und lassen Sie sie trocknen. Der Stein fängt an zu sprudeln, wenn er ins Badewasser geworfen wird.

Keime züchten

Keime können zwar viel bewirken und durchaus Schaden anrichten, aber ohne Mikroskop sehen wir sie nicht. Es gibt die verschiedensten Keime: Bakterien, Viren, Pilze und Kleinstlebewesen. Aber mit gründlichem Händewaschen wird man sie wieder los.

Für Kinder ist es allerdings nicht so einfach einzusehen, dass man sich die Hände waschen muss, auch wenn sie sauber aussehen. Sie neigen dazu, einfach Wasser über die Hände laufen zu lassen, ohne Seife zu benutzen.

Mit diesem Experiment können Sie sehr deutlich zeigen, was passiert, wenn man sich die Hände nicht wäscht. Und dass Keime sich auch dort verstecken, wo man sie nicht sieht.

Material

+ 1 Sprühflasche
+ 3 Scheiben Brot
+ 3 verschliessbare TK-Beutel
+ Markerstift zum Beschriften

TIPP

Geben Sie Ihrem Kind etwas feinen Glitter auf die Hände und zeigen Sie ihm mit einer Taschenlampe, wie er sich auf alles überträgt, was das Kind anfasst. Dann lassen Sie es versuchen, den Glitter komplett abzuwaschen.

Die drei Brotscheiben leicht mit Wasser besprühen. Ein älteres Kind oder ein Erwachsener wäscht sich gründlich die Hände und legt die erste Brotscheibe in einen TK-Beutel. Den Beutel verschließen und mit einer 1 beschriften.

Für Beutel Nr. 2 wird die Brotscheibe mit ungewaschenen Händen angefasst und dann in den Beutel gegeben. Den Beutel ebenfalls verschließen.

Die dritte Brotscheibe wird über mehrere ungewaschene Hände gezogen, über den Küchenschrank und sogar über den Fußboden. Dann kommt sie in den dritten Beutel, der mit einer 3 beschriftet wird.

Die Beutel ein paar Tage an einem dunklen Ort liegen lassen. Lassen Sie jedes Kind eine Vorhersage machen, wie die Brotscheiben nach ein paar Tagen aussehen werden.

Bei unserem letzten Experiment hatte sich Nr. 1 kaum verändert. Bei Nr. 2 waren einige interessante weiße und krustig-gelbe Stellen entstanden. Die bunteste Brotscheibe war Nr. 3. Auf ihr war leuchtend grünes, haariges Zeug gewachsen.

Für jüngere Kinder
Kleben Sie Bildchen auf die Beutel, sodass sie sich erinnern, welcher Beutel welche Brotscheibe enthält.

Für ältere Kinder
Ältere Kinder können das Experiment ausweiten, indem sie die Brotscheiben auf verschiedene Oberflächen im Haushalt legen und die Ergebnisse aufschreiben.

Der Zahlendetektiv

Kinder lieben Ratespiele. In einem Buch wird das Geheimnis Seite für Seite entschlüsselt, bis der Fall gelöst ist. In einem Film bringt jede Szene neue Informationen, um uns der Lösung näher zu bringen.

Für dieses Rätsel brauchen Sie weder eine Lupe noch eine karierte Sherlock-Holmes-Mütze. Sie brauchen nur Ihre Recycling-Tonne und Lust auf Spaß.

Material

+ 10 LEERE WASSERFLASCHEN
+ ETWA 4 LITER FARBE
+ KARTON
+ 10 BLEISTIFTE
+ 55 GLASMURMELN

TIPP

Wenn die Flaschen fertig sind, können Sie damit auch Bowling spielen. Wie viele bringen Sie mit einer Kugel zu Fall?

Verwandeln Sie die zehn leeren Wasserflaschen in zehn identische Behälter, indem Sie sie in Farbe tauchen und zum Trocknen auf den Kopf stellen. Ich habe mir das Trockengestell aus gefaltetem Karton und zehn durchgesteckten Bleistiften selbst gebaut. Auf diesem Gestell stehen die Flaschen gut und sicher.

Wenn die Flaschen trocken sind, werden die Murmeln darin verteilt: 1 Murmel in der ersten Flasche, 2 in der zweiten, 3 in der dritten und so weiter. In der zehnten Flasche befinden sich 10 Murmeln.

Sie können auch andere Behälter nehmen oder die Flaschen mit weißen Papier umkleben.

Ziel des Spiels ist es, dass die Kinder die Flaschen nach Anzahl der Murmeln in der richtigen Reihenfolge sortieren. Dazu müssen sie ihre detektivischen Fähigkeiten einsetzen: Wie schwer ist die Flasche? Wie klingen die Murmeln darin, wenn man die Flasche schüttelt? Und wie sieht das alles im Vergleich zu den anderen Flaschen aus?

Für jüngere Kinder
Greifen Sie zwei oder drei Flaschen heraus, die sehr unterschiedlich gefüllt sind, z.B. 1, 5 und 10.

Für ältere Kinder
Nehmen Sie zwei Flaschen aus dem Spiel und mischen Sie die Flaschen neu. Lassen Sie die Kinder raten, welche Flaschen Sie aus dem Spiel genommen haben.

Ein pneumatischer Motor

Luft ist schon eine komische Sache. Sie ist überall, aber wir können sie nicht sehen. Wir spüren Sie nur, wenn sie sich bewegt, seltsam riecht oder ihre Temperatur verändert.

Dabei übt die Luft auf alles hier auf der Erde Druck aus. Da die Luftmoleküle große Abstände aufweisen, können Sie komprimiert werden. Pneumatische Geräte nutzen die Ausdehnung der Luft für die Kraftentwicklung.

Der pneumatische Motor in diesem Experiment arbeitet mit einer selbst gemachten Version des Blasebalgs. Er setzt durch Zusammendrücken einen Luftstrom hinter ein Objekt. Und obwohl man die Luft nicht sieht, bemerkt man doch ihre Wirkung.

Material
+ 2 Spülschwämme
+ Verschliessbarer TK-Beutel
+ Trinkhalm
+ Klebeband
+ Kleine, leichte Objekte (Wattebausch, Spielzeugauto, Haarspange etc.)

TIPP
Mit zwei Motoren kann man eine Art Tischfußball spielen und leichte Objekte in die Tore an beiden Enden des Spielfeldes schießen.

Zwei Spülschwämme übereinander in den Plastikbeutel geben. Einen Trinkhalm zwischen die beiden Schwämme stecken, sodass sich das eine Ende im Beutel befindet und das andere außerhalb des Beutels. Den Beutel schließen und mit Klebeband abdichten.

Einen Wattebausch auf einer ebenen Oberfläche platzieren und den Beutel dahinterlegen, sodass der Trinkhalm auf den Wattebausch zeigt. Auf die Schwämme drücken, sodass der Wattebausch wegrollt.

Um mehr Luftzug zu bekommen, in den Trinkhalm blasen und den Beutel füllen

Für jüngere Kinder
Statt Schwamm und Trinkhalm zu verwenden, vereinfachen Sie das Experiment und füllen einfach einen verschließbaren Plastikbeutel mit Luft, versiegeln ihn und lassen ihn aufspringen, indem Sie darauf drücken oder sogar springen. Ihre Kinder werden über den lauten Knall staunen. Wenn sich der Luftdruck schnell ändert, gibt es ein lautes Geräusch. Daher stammt auch der Donner bei einem Gewitter.

Für ältere Kinder
Ältere Kinder können den Beutel in verschiedenen Winkeln halten und Objekte verschiedener Größe bewegen.

Spinnwebentür

Spinnweben sind faszinierend und wunderschön. Meine Mutter und ich suchten immer nach den größten, kompliziertesten Spinnweben. Am besten findet man sie am frühen Morgen, wenn der Tau noch daran hängt und die Fäden im Licht glitzern.

Dieses Spiel ist von Spinnweben inspiriert. Es ist eine gute Beschäftigung an Regentagen, wenn Eltern mit der Herausforderung kämpfen, ihre Kinder auf begrenztem Raum zu aktivieren. Spinnen Sie Ihr eigenes Netz!

Der Weg durch das Spinnennetz ist eine Herausforderung für den Gleichgewichtssinn der Kinder und ihr motorisches Gefühl. Wiederholtes Üben stärkt die Koordination und verbessert das Körpergefühl im Raum.

Material
+ Ablösbares Klebeband
+ 1 Garnknäuel
+ 1 Luftballon oder leichter Ball

TIPP
Wollen Sie, dass Ihre Spinnweben so klebrig sind wie das Original? Dann nehmen Sie Klebeband statt Garn. So können auch „Käfer" aus Papier darin hängen bleiben.

Kleben Sie das Garn in unterschiedlichen Abständen in die Tür, sodass ein Netz entsteht. Experimentieren Sie mit Formen und Winkeln, die am besten zum vorhandenen Platz und den Mitspielern passen.

Die Kinder können abwechselnd durch das Netz klettern. Ein Luftballon oder leichter Ball trainiert die Fähigkeit gemeinsam Probleme zu lösen

Für jüngere Kinder
Jüngere Kinder können erst mal auf dem Boden üben. Das ist am Anfang schwierig genug, aber sie müssen wenigstens nicht klettern.

Für ältere Kinder
Ältere Kinder bekommen die Aufgabe, durch das Netz zu klettern, ohne dass das Garn sich löst. Wenn das zu einfach ist, können sie versuchen, hindurchzuklettern, ohne das Garn zu berühren. Und natürlich können sie gemeinsam ein neues Netz entwickeln.

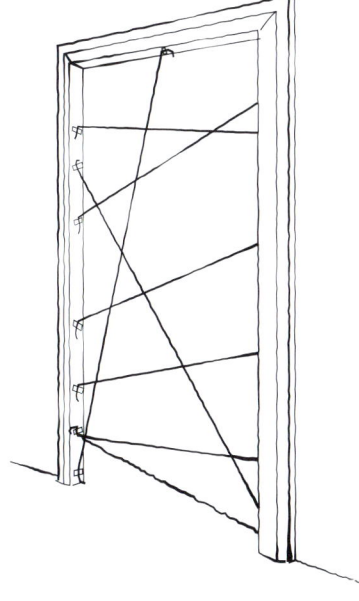

Vogel- und Futterhaus aus einer Blechdose

Meine Großmutter beobachtete Vögel. Sie nahm zum Spazierengehen immer ihr Fernglas mit. Selten kam es vor, dass sie einen Vogel nicht gleich erkannte und in ihrem großen Bestimmungsbuch nachschauen musste.

Dieses Projekt verwandelt große Konservendosen in ein Vogelhaus und ein Futterhaus. Hängen Sie sie in der Nähe eines Fensters auf, damit Sie die Vögel gut beobachten können.

Material
(Für ein Vogelhaus)

+ Dosenöffner
+ 1 Blechdose mit Plastikdeckel (Kaffee)
+ Starkes Klebeband
+ Dicker Karton
+ Schere
+ Vogelfutter
+ Locher
+ Schraube
+ Bleistift
+ Wollreste
+ 1 Stück Seil

Mit dem Dosenöffner die Hälfte des Dosenbodens öffnen. Ein Erwachsener sollte die Hälfte vorsichtig nach außen biegen, sodass ein Halbkreis entsteht. Vorsicht, die Kanten sind scharf. Sie werden mit kräftigem Klebeband umklebt, damit sich niemand schneiden kann. Ein Stück Karton so ausschneiden, dass es in die Mitte der Dose passt, in die Dose einpassen und mit Klebeband befestigen. So entstehen zwei Kammern. Auf der Seite mit dem Halbkreis aus Metall wird Vogelfutter eingefüllt.

Mit einer Schraube ein Loch oben in das Vogelhaus bohren und das Seil durchziehen. Daran wird das Vogelhaus später aufgehängt.

In den Deckel der Dose ein Loch schneiden. Mit dem Locher ein kleines Loch unter das größere Loch stanzen. Einen Bleistift durch das kleine Loch schieben. Den Deckel mit Klebeband sichern. Der Bleistift ist die Anflugstange. Mit ein paar Wollresten animiert diese Kammer zum Nestbau. Wir haben an den Seiten des Vogelhauses mit Heißkleber noch ein paar Zweige befestigt.

Wenn Sie das Vogelhaus so aufhängen, dass keine Baumäste in der Nähe sind, dient es sicher als Vogelhaus. Sonst nisten sich eher die Eichhörnchen darin ein.

Für jüngere Kinder
Jüngere Kinder können den Deckel verzieren, sodass das Vogelhaus eine besonders schöne Tür bekommt.

Für ältere Kinder
Ältere Kinder können weitere Variationen entwerfen, die Möglichkeiten sind endlos.

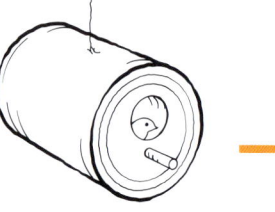

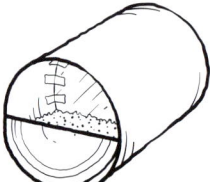

Musik im Pool

Während Ihre Kinder fröhlich trommeln, lernen sie unbewusst einiges zum Thema Schallwellen und spüren die Geräusche ebenso sehr, wie sie sie hören. Sie erforschen die verschiedenen Reaktionen der „Trommeln" auf den Schlag. Bei diesem Spiel werden die Vibrationen durch unterschiedliche Wasserhöhen verändert. Dadurch ändert sich auch die Tonhöhe, also die Interpretation der Vibrationen durch unser Trommelfell.

Dieses Spiel erscheint ziemlich chaotisch, aber ein Planschbecken ist nun mal ein perfektes Labor für alle möglichen Entdeckungen.

Material

+ Planschbecken oder flaches Ende eines Swimmingpools
+ Töpfe und Pfannen aus Metall
+ Löffel aus Metall
+ Blechdosen in verschiedenen Grössen und Formen (ohne scharfe Kanten)

Setzen Sie die Kinder bequem ins Wasser.

Drehen Sie einen Topf um, sodass der Boden gerade aus dem Wasser schaut. Schlagen Sie mit einem Löffel auf den Topf, während Sie ihn ins Wasser senken. Sie werden feststellen, dass sich der Ton ändert, wenn das Wasser im Topf steigt.

Erforschen Sie die Kraft der Oberflächenspannung. Wenn der Topf voll ist und sie ihn wieder hochziehen, können Sie sehen, wie sich das Wasser mit hebt.

Sie können auch Blechdosen mit Wasser füllen und auf die Seiten der Dosen schlagen. Was für Töne ergibt das? Wie verändert sich der Klang je nach Wasserhöhe?

Geben Sie etwas Wasser auf den Topfboden und schlagen Sie den Topf von der Seite an. Was macht das Wasser? Können Sie die Schallwellen sehen?

Für jüngere Kinder
Nachdem es jede Menge Krach mit den Töpfen gab, wird Ihr Kind zufrieden damit sein, das Wasser von einem Gefäß ins andere zu gießen. Solange der Krach kein Problem wird, ist das Ganze eine schöne Beschäftigung im Wasser.

Für ältere Kinder
Versuchen Sie mit verschieden hohen Wasserspiegeln in Tassen eine Tonleiter oder eine Melodie zu spielen.

Dank

Vielen Dank an unseren Verlag, der dieses Buch möglich gemacht hat. An Tamara Lee-Sang für die großartigen Fotos, an Cathi und Kein Walsh, Cole Kaemmerling, Chanda und Audrey Schuh, die Knutson Kinder, die Jones-Jungs, die McCulloughs und Rhys Kiester, die unserem Buch mit ihren Gesichtern und ihrer Begeisterung zur Verfügung standen. Wir danken Carly Kaemmerling und Jana und Andrea Stout, Mary Ann Homer und Brent Moore für ihre ungeheure Geduld bei den Foto-Sessions. Und dankbar sind wir auch Fred und Virginia Harder, dass sie uns in ihren tollen Garten eingeladen haben.

Eine Extra-Umarmung bekommen unsere neun Kinder, die einiges an Experimenten und Foto-Sessions über sich ergehen lassen mussten.

Quellen der Inspiration

Ohne eine besondere Reihenfolge möchten wir uns von Herzen bei den folgenden Bloggern und Autoren bedanken, die uns bei der Entstehung dieses Buchs inspiriert und unterstützt haben. Wir finden diese Leute toll und glauben, unseren Leserinnen und Lesern wird es nicht anders gehen.

Shauna Callaghan – ShaunaCallaghan.com

Havalyn Nauss – Little Right Leg

Andie Jaye Cord – Crayon Freckles

Laurie Turk – Tip Junkie

Amy Locurto – Living Locurto

Rebecca Darling – R We There Yet Mom?

Catherine Toner – Nurture Store

Jamie Fink – Soph and Lulu

Joel Henriques – Made by Joel

Kristina Buskirk – Toddler Approved

Sarah Dees – Frugal Fun for Boys

Jennifer Haas – Plain Vanilla Mom

Katey Magill – Having Fun at Home

Trisha Stanley – Inspiration Laboratories

Zina Harrington – Let's Lasso the Moon

Rachelle Doorley – Tinkerlab

Amanda Morgan – Not Just Cute

Chrissy Watson – The Outlaw Mom

Jean Van'tHul – Artful Parent

Deborah Stewart – Teach Preschool

Jeanette Nyberg – Artchoo

Stacy Teet – Kid Stuff World

Pauline Soo – Lessons Learnt Journal

Jamie Reimer – Hands on: As We Grow

Asia Citro – Fun at Home with Kids

Mary-Ann Widhalm – Counting Coconuts

Kim Chance – Savor the Days

Ness Hoffman – One Perfect Day Blog

Donna Ridley-Burns – PlayBasedLearning.com

Anna Ranson – The Imagination Tree

Stephanie Morgan – Modern Parents Messy Kids

Marnie Craycroft – Carrots Are Orange

Elise & Emma – A Beautiful Mess

Deidre Smith – Jdaniel4's Mom

Amy – Stuck Under a Baby

Mari Hernandez – Inspired by Family

Liz Neiman – Love and Marriage Blog

Valerie Deneen – Inner Child Fun

Melissa Taylor – Imagination Soup

Jillian Riley – A Mom with a Lesson Play

Allison McDonald – No Time for Flash Cards

Tiffany Dahle – Peanut Blossom

Alissa Marquess – Creative with Kids

Mariah Bruehl – Playful Learning

Maggie Woodley – Red Ted Art

Megan Sheakoski – Coffee Cups and Crayons

Heather Williams, Erin Folkerts & Katherine Boyer

Über die Autorinnen

Holly Homer hat als Physiotherapeutin gearbeitet. Ihre Kenntnisse in Bewegungslehre werden heute von drei lebhaften Söhnen immer wieder auf den Prüfstand gestellt. Sie genießt es besonders, dass in ihrem Haus nie Ruhe herrscht, auch wenn das heißt, dass auf dem Esstisch immer irgendein Kinderprojekt liegt.

Rachel Miller unterrichtet seit mehr als 15 Jahren Kinder. Sie ist die Mutter der sechs albernsten Kinder auf der Welt und liebt es, mit ihrer Familie die Welt zu entdecken und sich an ihr zu freuen. Wenn sie nicht mit Fingerfarbe malt, Käfer sammelt oder die Waschmaschine ein- und ausräumt, sitzt sie wahrscheinlich gerade da und schreibt.

Kinder lieben Mottopartys

ISBN 978-3-451-66053-5

Kinderaugen zum Leuchten bringen und ganz entspannt die coolsten Partys feiern. Mit diesem Buch brauchen Sie sich die nächsten Jahre nicht mehr den Kopf zu zerbrechen, was Sie am schönsten Tag Ihrer Lieben alles aus dem Hut zaubern müssen. Hier tauchen freche Monster, starke Ritter, gruslige Gespenster und wunderschöne Feen in zauberhafte Welten ab. Für jedes Motto gibt's die besten Ideen zu Einladungen, Deko, Motto-Spielen und natürlich leckerem Essen.

In jeder Buchhandlung

www.urania-verlag.de

Faszination Garten
wird zum Familienerlebnis

ISBN 978-3-451-66055-9

Gesundes Gemüse aus dem eigenen Garten, aus dem Balkonkasten oder aus dem Blumentopf. John Seymour kennt alle Tipps und Tricks! Und die Kleinen lieben diese aufregende Welt der Selbstversorgung ganz besonders. Selbstgepflanztes im Einklang mit der Natur schmeckt so viel besser und macht auch noch richtig Spaß. So wird Gärtnern zum Erlebnis für die ganze Familie.

In jeder Buchhandlung

www.urania-verlag.de

Der Klassiker
der Selbstversorgung

ISBN 978-3-7831-6145-8

Dieses Buch zeigt und erklärt, wie man einen Garten plant, den Boden bearbeitet, Zäune aufstellt, richtig aussät, Tiefkulturen anlegt, Wechselanbau betreibt, Gewächshäuser benutzt, Schuppen baut, Werkzeuge repariert, Kompost bereitet, Dünger ausbringt, Pflanzen schützt, Schädlinge bekämpft, Sellerie anhäufelt, Spargel sticht, Tomaten pflanzt, Pastinak pikiert, Rüben zieht, Bäume beschneidet, Pfropfreiser aufsetzt, Kräuter trocknet, Beerensträucher pflegt, Früchte einmacht, Gurken einlegt, Bohnen einsalzt, Kartoffeln lagert, Zwiebelzöpfe bindet, Nahrung tiefkühlt, Wein keltert, Kleinvieh hält, kurzum: wie man die Natur verstehen lernt, einen Garten natürlich bearbeitet, reiche Ernte erzielt, gesunde Nahrung erzeugt.

In jeder Buchhandlung

www.urania-verlag.de